有图有真相

一个幼儿园园长的微教研

蒋惠娟 著
王春华 主审

南京师范大学出版社
NANJING NORMAL UNIVERSITY PRESS

图书在版编目（CIP）数据

有图有真相：一个幼儿园园长的微教研 / 蒋惠娟著
. — 南京：南京师范大学出版社，2019.5
　ISBN 978-7-5651-3597-2

　Ⅰ.①有… Ⅱ.①蒋… Ⅲ.①幼儿园－课程建设
Ⅳ.① G612

中国版本图书馆 CIP 数据核字（2017）第 313474 号

书　　名	有图有真相：一个幼儿园园长的微教研
作　　者	蒋惠娟
主　　审	王春华
责任编辑	彭艳梅
出版发行	南京师范大学出版社
地　　址	江苏省南京市玄武区后宰门西村 9 号（邮编：210016）
电　　话	（025）83598919（总编办）　83598412（营销部）　83598312（邮购部）
网　　址	http：//press.njnu.edu.cn
电子信箱	nspzbb@njnu.edu.cn
照　　排	南京凯建图文制作有限公司
印　　刷	南京玉河印刷厂
开　　本	787 毫米 ×1092 毫米　1/16
印　　张	15
字　　数	293 千
版　　次	2019 年 5 月第 1 版　2019 年 5 月第 1 次印刷
书　　号	ISBN 978-7-5651-3597-2
定　　价	58.00 元

出 版 人　彭志斌

南京师大版图书若有印装问题请与销售商调换
版权所有　侵犯必究

序：园本教研中的儿童立场

在《什么是教育》中，哲学家雅斯贝尔斯认为，所谓教育就是"一棵树摇动另一棵树，一片云推动另一片云，一个灵魂唤醒另一个灵魂"，是一种大爱无声、教育无痕、自然而然的过程。在当下的幼儿教育中，高控的教师、封闭的课程、刻板的提问、刚性的作息还相对普遍，教师们囿于沉淀的"教师感"，在角色与义务、权利与责任中负重前行。当江苏省课程游戏化改革不断推进时，"解放儿童""解放教师""弹性作息""自主游戏"等观念与行动不断地生根，形成了一股推动幼儿园课程变革、文化创新的力量。常州市天宁区东青幼儿园蒋惠娟园长的这本微教研札记，让我们感受了一股扑面而来的清新气息，一种跃然纸上的儿童情怀，一种返璞归真的教育智慧。

在她们的探索中，回归儿童立场、尊重儿童权利、彰显儿童天性成为行动的主线。通过逆向思维，通过教师群体的头脑风暴与集体意志，她们努力阻断教师中心的思维惯性与行动阻力，慢慢地形成一种以儿童为本的行动取向与实践意识。她们的探索与坚持为我们提供了一系列可资借鉴的经验，给后来者的行动提供了可能的指引。

一、以点带面，全面反思一日生活中的成人取向

在课程游戏化的引领下，东青幼儿园不断地用"儿童视角""儿童在哪里""儿童在这里"来审视与打量幼儿园的一日生活，从园所文化、管理制度到班级建设、团队协作，再到区域游戏、教育教学等各个层面，采用批判性思维，全面反思一日生活中的成人中心主义。

譬如，在手指游戏案例中，东青幼儿园发现原来的传统手指游戏中表现出低水平重复、规则完全来自于老师、成人教的痕迹太重等特点。基于对成人中心的反思与批判，她们倾听孩子、尊重孩子，把手指游戏资源库的开发权、创造权、研讨权还给孩子。在教师的开放性支持下，孩子自主创编、自主游戏，产生了三个微教研案例："一百种门——会奇思有妙想的孩子""我的小手也睡了——会构思有创意的孩子""有趣的光影——会拓展有变化的孩子"。在孩子们自主创编的手指游戏中，孩子们表现出惊人的想象力和创造力。东青幼儿园的手指游戏也从单一走向综合，从传输走向自主，

从模仿走向创造。

二、追随儿童，以儿童立场引领教师角色的转型

园本教研中的儿童本位，不仅需要理念上的变化、行动上的调整，更需要教师、家长等成人角色的反思性更新，即从原来高控的、权威的、管理为本的角色范型，走向追随者、支架者、催化者、引导者。在本书中，蒋园长用5个鲜活的案例呈现了教师角色的蜕变之旅。

譬如，在螺丝螺帽区，教师积极关注涵涵的点滴变化，通过各种可能性策略，创造各种可能性条件，在慢节奏的自然流淌中，追随着涵涵自身的心理节奏，静静等待孩子的变化。在此过程中，教师不主观不急躁、不介入不干预，自始至终做一个积极的旁观者。

再譬如，在纸管游戏中，教师从一个熟视无睹、理所当然的儿童游戏过程的粗放性观察者，发展成儿童游戏的全程精细性探索者，提出了6个更为具体的问题，譬如，① 纸管这么多，每天是怎么取出来的？② 是所有幼儿一起到楼梯口拿，还是轮流去拿？③ 拿纸管要用多长时间？④ 幼儿是边拿边玩，还是全部拿好了再玩？⑤ 幼儿拿了纸管后，会自己选择到远一点的地方玩，还是直接在就近的地方玩？⑥ 在搬纸管的过程中，幼儿哪些能力获得了发展？等等。

在教师深度观察幼儿的游戏全程，并借助视频和照片记录，与幼儿一起讨论的基础上，幼儿生成了纸管活动的更为精细的操作规则。在数纸管活动中，孩子们创造了各种分类、记录、计数的办法，并且不断在实际操作中完善办法、总结办法，其分类思维、数数能力、反思意识、问题意识、策略意识、元认知能力都有明显提高。可见，儿童参与教研，既提升了儿童自身的能力，也以儿童的视角、儿童的立场引领教师互动方式、教研方式的转变，推动了教研共同体的教研质量。

三、关系为本，建构共生型同伴关系、师幼关系、家园关系

人是社会关系的产物。以往的幼儿园一日生活是在一种不对称关系下展开的，即教师控制儿童、园长控制教师、教师控制家长、强者控制弱者。在东青幼儿园的教研案例中，我们不仅看到了教研形式的变化，教师、儿童和家长的变化，更看到了信任关系、伙伴关系的建构。

第一，共生型的同伴关系。

在螺丝螺帽活动案例中，一个班的孩子创生出了各种类型的作品，这引发了同一班级孩子对作品内涵的猜想。借着幼儿在作品分享活动中的表现，教师进行了两个方面的拓展：一是以儿童的创意作品为载体，带动同一个班级儿童的多元阅读、多元猜想，增进教育活动中的儿童元素，引领并支持儿童向同伴学习；二是以儿童的作品为

载体,邀请全园的孩子进行命名、猜想、故事创编,再由作品建构者进行答案揭晓。当一群幼儿在开放、自由的环境中阅读另一群幼儿的作品,其混龄交往中所呈现出来的思维碰撞、一百种创意、一百种语言,便将全园的孩子凝聚在一起,形成了一种共生、对话的关系氛围。

第二,共生型的同事关系。

在东青幼儿园的教研案例中,不仅儿童同伴之间借着各种活动实现了关系的扩散与凝聚,教师与教师之间也在共同教研、不断走班、取长补短中相互借鉴。譬如,在第五章的教研案例中,教师之间通过分工合作,通过自己的游戏感受来调整沙盘区的材料投放与规则设计,在以儿童为师的实践探索中,教师之间不断借鉴、不断积淀,形成了更为开放的共生型的同事关系,创生出了越来越多的基于儿童需要、追随儿童兴趣的原生态课程,推动儿童经验的积累和深度学习的持续发生。

第三,共生型的家园关系。

在围绕儿童螺丝螺帽作品的猜测、假想、揭秘过程中,教师扮演的也是一个猜想者的角色,通过教师的参与性猜测,教师便能发现作为成人的教师与幼儿园孩子在很多方面想法是不一样的,从而更好在自己的教育教学中赋权给孩子。

不仅如此,教师还将自己在猜想中的反思性角色推延到家长,邀请家长参与儿童的搭建和猜想活动,现场感受儿童的立体阅读。譬如,在活动中,家长看到了不同孩子从不同角度的解读,不同孩子用不同经验的解读,不同孩子以不同能力的解读等。接着,幼儿园邀请家长一起学习了《3-6岁儿童学习与发展指南》(以下简称《指南》)里关于"语言"的目标和教育建议,让家长了解,从而多给孩子提供倾听和交谈的机会,鼓励孩子主动提问,引导孩子清楚地表达。

培养一个孩子需要一个村庄,当所有的相关方在以儿童为本的立场下联合起来,幼儿园教育便会以一种全新的方式影响幼儿、教师、家长,从而以合力的方式实现对儿童的可持续影响。

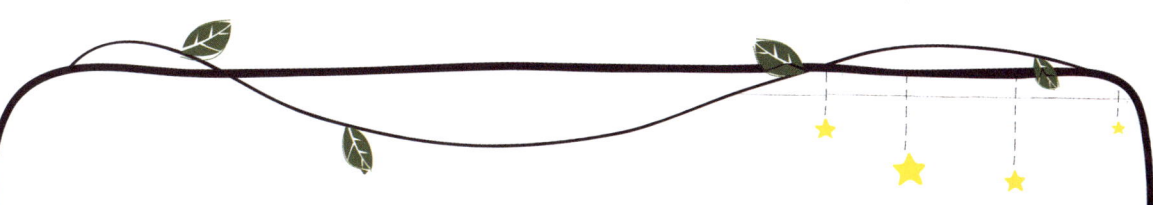

目　录

序：园本教研中的儿童立场 …………………………………………… 001

第一章　螺丝螺帽区

第一节　电风扇吹哥哥——走进涵涵的心灵 …………………… 003

第二节　螺丝螺帽运动会——涵涵敞开心扉 …………………… 014

第三节　超级游乐场——涵涵走出自我 ………………………… 024

第二章　纸管区

第一节　纸管是怎么取出来的——我的游戏我做主 …………… 037

第二节　这里有多少纸管呢——我的数数趣味多 ……………… 051

第三节　纸管到底有多长——我会这样来测量 ………………… 068

第三章　手指游戏区

第一节　一百种门——会奇思有妙想的孩子 …………………… 099

第二节　我的小手也睡了——会构思有创意的孩子 …………… 119

第三节　有趣的光影——会拓展有变化的孩子 ………………… 135

第四章　积木区

第一节　钢琴音乐会——积木里的课程资源 …………………………… 151

第二节　多米诺骨牌——积木里的科学经验 …………………………… 161

第三节　组合城多米诺——积木里的交往合作 ………………………… 175

第五章　沙盘区

第一节　大海世界——孩子们是在玩沙吗？ …………………………… 189

第二节　我们的动物园——孩子们是按设计图搭建的吗？ …………… 198

后记

…………………………………………………………………………… 229

第一章
螺丝螺帽区

这是我在螺丝螺帽区持续一年观察、记录的案例，每次想到这个案例发生、发展的过程，我的心中总是抑制不住地惊喜、感动。

2016年6月3日上午，在苹果班（中班）刚创建的螺丝螺帽区，一个男孩（涵涵）独自用螺丝螺帽和磁铁搭建了"电风扇吹哥哥"的场景。在搭建过程中，他始终不跟别人交流，只是偶尔简短地回答班主任黄惠琴老师的问题。下午，带着好奇，我又观察了这个孩子，发现他的建构能力和空间想象能力发展得特别好，在40分钟的时间里，他独自一步一步建构了一座外形美观、功能齐全的现代桥。

这到底是一个怎样的孩子？他为什么不愿意和别人交流？他的家庭状况如何？他的建构能力强，其他方面的发展情况又如何呢？带着这些疑问，我跟班主任黄惠琴老师进行了交流，并去涵涵家里进行了家访。我希望了解这个孩子，走进这个孩子的心灵。

家访后，我继续关注、观察他，发现他只有一个固定朋友，还发现他特别喜欢在螺丝螺帽区玩。从此关于观察、支持涵涵的微教研开始了，并持续了很长一段时间。

本章选取了关于涵涵的3个故事。第一个故事发生在2016年6月，我们第一次关注到涵涵，那时的涵涵很内向。第二个故事发生在2016年11月，在"螺丝螺帽运动会"活动中，涵涵开始敞开心扉，尝试着和小伙伴们交流和商量。第三个故事发生在2017年6月，在"超级游乐场"活动中，涵涵主动走进别人的心灵，主动与同伴交往，主动接纳别人，并表现得很自信。

本章之所以选择这三个时间点发生的故事，叙述涵涵的变化，是想阐述一年多的微教研在涵涵身上产生的力量和作用。

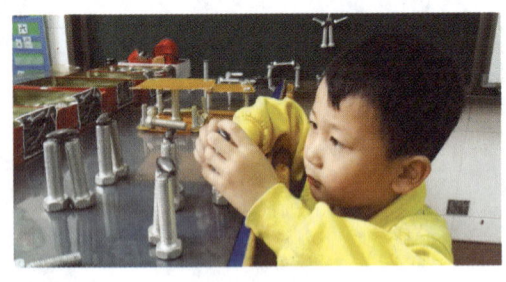

◆图1◆ 一年前的涵涵。

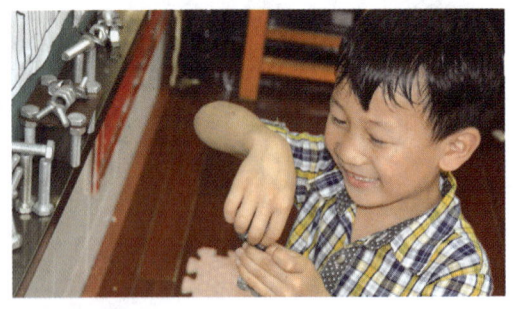

◆图2◆ 一年后的涵涵。

第一节 电风扇吹哥哥

——走进涵涵的心灵

一、案例呈现

1. 电风扇吹哥哥。

2016年6月3日上午,我和张老师、吴老师、侯老师、区教研室的胡主任一起来到苹果班(中班)观摩区域游戏活动。除了原有的益智区、美工区、科学区,我们发现在黑板下方新开辟了"螺丝螺帽区"。

◆图1◆ 新开辟的螺丝螺帽区。

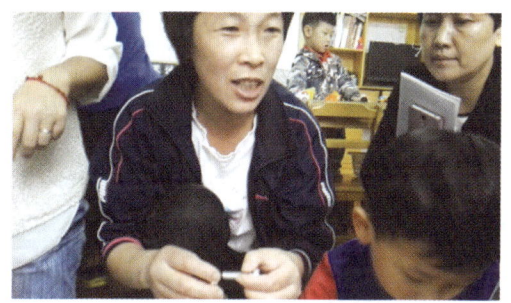

◆图2◆ 黄老师介绍开辟螺丝螺帽区的想法。

螺丝螺帽区的地上铺了两块垫子,垫子上放了几个糖果盒,盒子里随意地装着大大小小的螺丝螺帽,还有4块长方形小铁板。

当区域游戏开始的时候,螺丝螺帽区有两个男孩在玩。他们随意取放各种螺丝螺帽,我们发现,他们对螺丝螺帽还只是观察、触摸,尚未进入探索阶段。

班主任黄老师告诉我们,这个区开了两天了,一开始只准备了一些螺丝螺帽,希望发展小朋友的手眼协调能力,锻炼他们手部的力量,促进他们手部小肌肉的发展,同时也期待孩子们能搭建出有创意的作品。黄老师接着介绍,有两个孩子想搭建出"机器人",但尝试许多次都没有成功。她没有急着去教孩子,而是继续观察,结果发生了令人惊奇的一幕:螺丝螺帽区的上方是黑板,黑板上面摆了一排磁铁,两个孩子发现了黑板上的磁铁,于是用磁铁做媒介,创造出了"机器人""火箭"等作品。

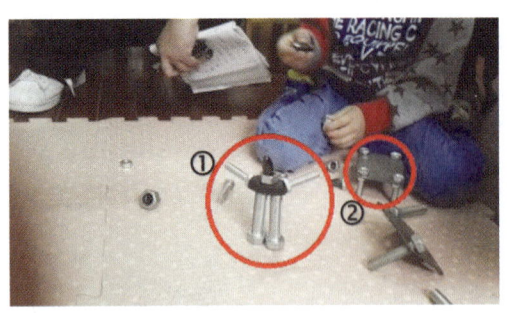
◆ 图3 ◆ 涵涵搭建的作品①和作品②。

◆ 图4 ◆ 涵涵搭建的作品③。

在我和黄老师交流的时候，涵涵搭出了一个作品（见图3中的①），我以为这是"机器人"。慢慢地涵涵又搭出了第二个作品（见图3中的②），我心里解读这个作品是"桌子"。我没有表达自己的想法，而是采取学习、倾听的方式，请涵涵介绍自己的作品，但是他一声不吭。黄老师指着作品①问他："涵涵，这是什么？"好不容易他冒出两个字"哥哥"。我笑着问："我不明白，为什么是哥哥？"他又不说话了。黄老师问："哪个是哥哥的头？"他用手指了一下作品的上方。黄老师指着作品③问："这个是什么？""弟弟。"他一个字一个字迸出来。我们似乎理解了：这是哥哥和弟弟。黄老师接着说："哥哥在做什么？弟弟在做什么？"他没有回答。黄老师接着又问："弟弟睡在桌子上吗？"他没抬头，低声纠正说："床上。"黄老师说道："哦，原来这是床！你真厉害，你不说，我们还真看不懂。"我佩服黄老师尊重孩子、细致入微的沟通方式。黄老师又问："弟弟在床上睡觉，哥哥在做什么？"他没看黄老师，依旧声音很低地说："看着弟弟。"

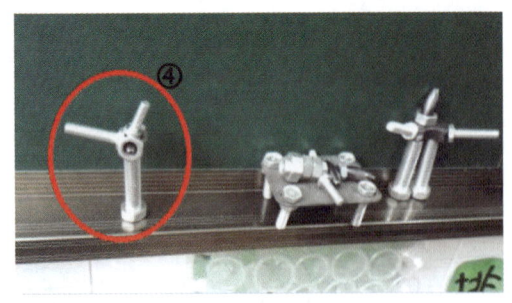
◆ 图5 ◆ 我们摆作品时，涵涵又搭了作品④，并说是"电风扇"。黄老师把"电风扇"摆在弟弟小床的左边。

◆ 图6 ◆ 涵涵把电风扇移到右边。

我跟黄老师商量："能不能找个地方，把他的作品呈现出来？"黄老师试了几个地方，都不满意，最后她把涵涵建构的作品摆在了黑板下面的边沿上，正好黑板下面就是螺丝螺帽区。

我们摆作品的时候,涵涵又搭了作品④(见图5中的④),并说是"电风扇"。黄老师把"电风扇"摆在弟弟小床的左边。

但是不一会儿,涵涵把作品④(电风扇)移到了右边,我问为什么,他不回答。班主任黄老师问他,他低低地说:"吹哥哥。"

我有些好奇:这孩子家里有兄弟吗?他是大宝还是二宝呢?带着疑惑,我和班主任黄老师进行了交流,原来他最近真的有了一个弟弟。

2. 我的桥。

因为想关注这个孩子,也因为我想看看这个新开辟的螺丝螺帽区还会发生什么故事,于是下午游戏时间,我又走进了苹果班活动室。

◆图7◆ 黄老师点评,涵涵很专注地看着作品。

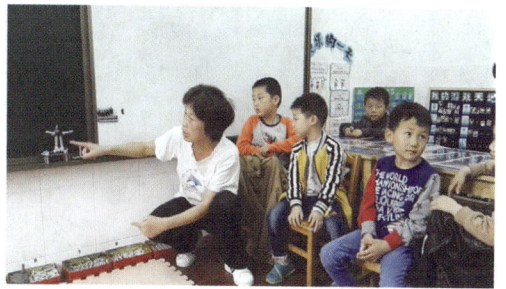

◆图8◆ 听到老师表扬他时,涵涵把头转向另一边,再也不看老师和作品。

黄老师分享涵涵的作品时,他当时的表情深刻地印在了我的心里。他本来很专注地看着老师,但当听到黄老师是在介绍自己作品时,他就转过头来,看别的地方,头再也没转回去,但看得出来,他的嘴角是上扬的。

介绍完涵涵的作品,黄老师问:"小朋友们,你们想去螺丝螺帽区玩吗?你们想做什么?"有的说花园、公主、房子,也有的说火箭、飞机、机器人等,涵涵始终没有说话。黄老师说:"想在螺丝螺帽区玩的小朋友就直接去吧。"这次,螺丝螺帽区来了8个孩子,涵涵也在其中。

◆图9◆ 螺丝螺帽区的孩子越来越多。

8个孩子在螺丝螺帽区盒子处,显然是拥挤的。我佩服黄老师接下来的举动,她在螺丝螺帽区加了6块垫子,这样空间变大了,不拥挤了。而且我观察到螺丝螺帽尽管还是放在糖果盒里,但已经是分类好了的,还增加了各种颜色的磁铁条和其他材料。黄老师对孩子们说:"请小朋友自己找一块垫子坐下来。"接着她把装材料的盒子摆在了垫子中间,孩子们对着材料,自然而然地、面对面坐了下来。

我感叹:黄老师这样的教育行为,没有师者的高高在上,比亲子关系中的长者多了一份教育机智。她更像一个"主持人",不断搭台、后退和撤出,舞台的主角永远是孩子。我发现我们的老师就是在这种陪伴式的游戏活动中不断成长着。

在感叹黄老师的教育策略的同时,我继续观察活动。在这样舒适的环境下,8个孩子都玩起来了,5分钟后,有两个孩子放下螺丝螺帽离开了。现在,螺丝螺帽区里还有两个女孩、4个男孩。

◆ 图10 ◆ 涵涵搭建了一个作品。

◆ 图11 ◆ 涵涵并排着又搭了一个。

涵涵搭了一个作品,我说:"桌子搭好了,搭得很快哦。"他小声说:"桥。"这个居然是"桥",上午他说这是"床"啊,怎么现在又变成"桥"呢?涵涵又一次吸引了我的注意力。

一座桥搭好了,他又搭了一座,两座桥并排摆放。

◆ 图12 ◆ 涵涵拿了一些螺丝,长长短短的,一个一个放在桥面上。我问他:"为什么要放这个?"他说:"人要掉下去的。"他的解释又一次震撼到我,我想这个可能是栏杆,而且我原以为是并排摆放的两座桥,现在看来其实只是一座桥。

◆ 图 13 ◆ 涵涵打量了一下自己的作品，于是在桥左侧又增添了两根螺丝。这样就用 18 根螺丝建成了 18 根栏杆。

◆ 图 14 ◆ 他左右手各拿一块铁板，轻轻靠在桥两端。

我笑着问他："你的作品完成了吗？"他摇摇头："还要两个板。"我赶紧复述他的话："他还要两块板。"黄老师递给他两块板。两块板居然跟桥面搭在了一起，他小心地放开手。此刻，我非常想知道他在思考什么。

只见他端详着自己搭的"桥"，左右手对两端的铁板进行了微调。随后，他轻轻地放开手，开始看别的孩子搭建作品。

我看他好几分钟都不再继续，就问："桥搭好了吗？"他点头。我说："试试看，能不能走？"他没回应，我又说："也许，可以找个人上去试试哦。"

◆ 图 15 ◆ 涵涵扶着"机器人"在桥上行走。

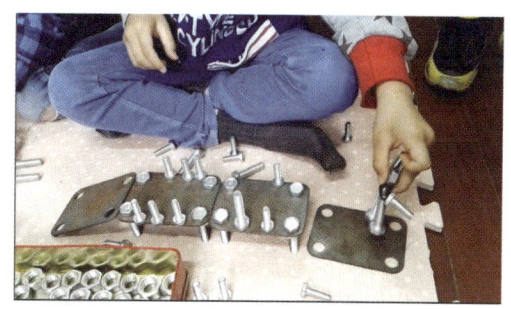

◆ 图 16 ◆ "机器人"走过斜坡，斜坡塌了。

于是涵涵做了一个"机器人"，并让它在桥上走。两侧栏杆挨得有点紧，"机器人"走不过去时，他就把"机器人"往上提一下，并把两边栏杆往外侧移一移，然后再把"机器人"放在桥面上走，如此不断循环。尽管如此，"机器人"一路走过，还是有很多栏杆被挤落了，等走到右端斜坡上，斜坡也塌下来了。

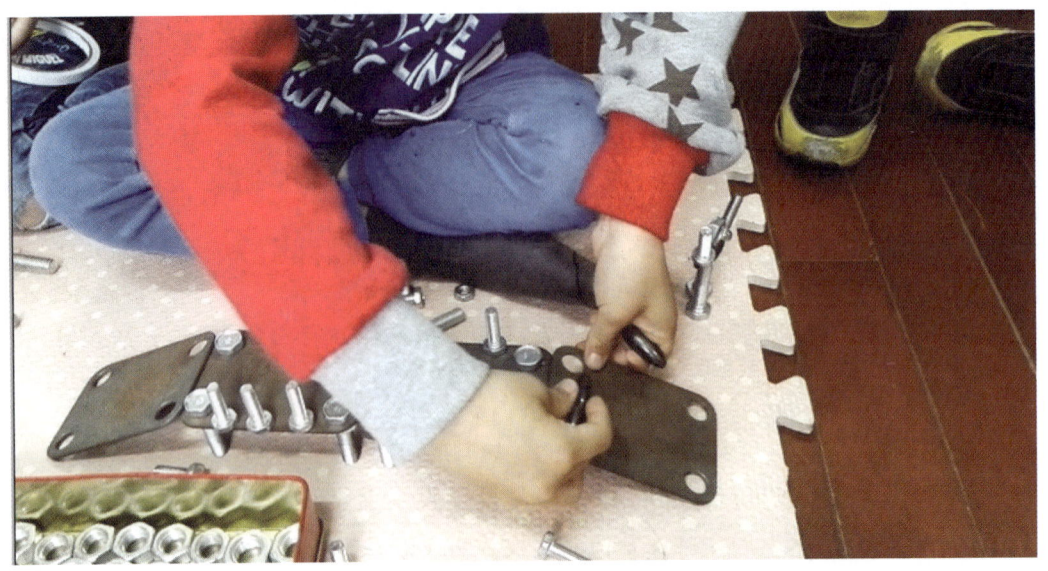

◆ 图17 ◆ 涵涵先将磁铁放在桥面和斜坡连接处的上方,后来觉得不妥,他又将磁铁放在桥面和斜坡连接处的中间。

他将斜坡重新靠在桥面上,再找来磁铁,并将它放到桥面和斜坡连接处。我真心惊叹这孩子的创造力,他怎么会想到用磁铁的呢?很快,涵涵觉得不妥,他又调整了磁铁的位置,将其放在桥面和斜坡中间(磁铁放在斜坡的下方、桥面的上方)。

◆ 图18 ◆ 小伙伴尝试用小手从斜坡走向桥面。

◆ 图19 ◆ 看到斜坡和桥面不平整,涵涵修正连接处,再次调整了磁铁的位置,将磁铁放在桥面下方,露出一半。

现在,斜坡略高于桥面,连接处显然不平整。我用手试着从斜坡往桥面上走,在连接处故意停顿了一下(我想让涵涵看出"这里不平整,我不知道该怎么走到桥面上"),然后我的手夸张地跳了一下,从斜坡跳到了桥面上。不知什么时候,旁边来了一个小朋友(绿袖口),他咯咯笑出声,像我一样用手试着走斜坡,在不平的连接处,他也夸张地跳下斜坡,跳到桥面上,还在桥面上走了几步。

涵涵看了一会,开始修正桥面和斜坡的连接,他把两个椭圆形磁铁放在了桥面下方,露出一半,这样斜坡也可以搭放在磁铁上了。

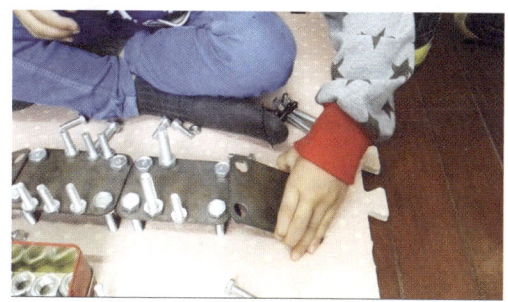
◆ 图20 ◆ 他再把斜坡轻轻地靠近桥面。

◆ 图21 ◆ 他把斜坡往下移,移到正好搭在露出的磁铁上。

涵涵将斜坡轻轻地靠近桥面。可是斜坡太高了,超出了桥面,涵涵没有停下来。紧接着,他把斜坡往下移,移到正好搭在露出一半的磁铁上,他才慢慢地松开手。

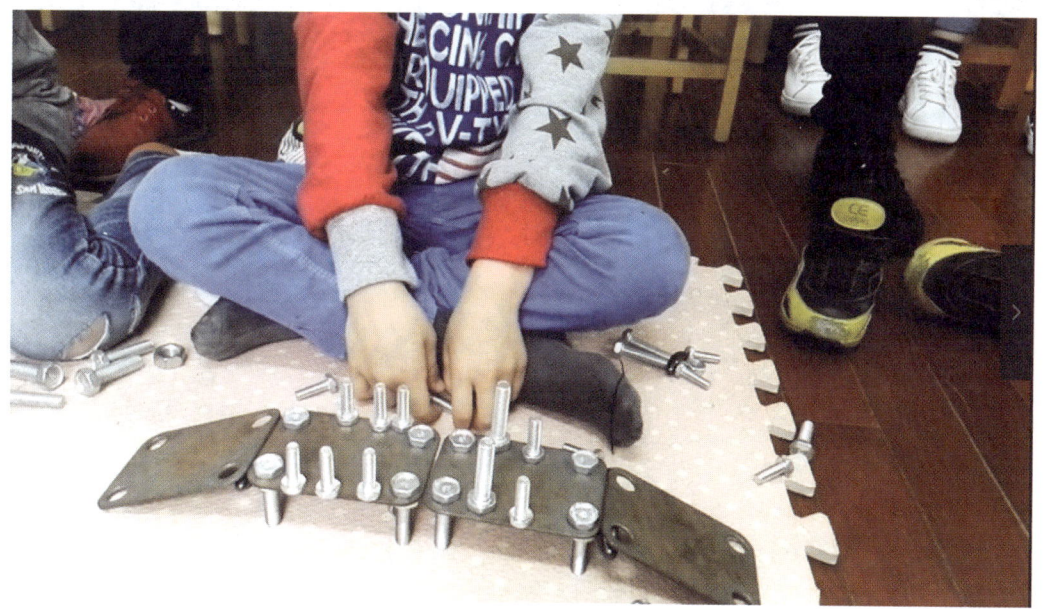
◆ 图22 ◆ 现在连接两端斜坡的都是两个椭圆形的磁铁,桥面上还剩10根栏杆,每侧都是5根,两侧栏杆的高度和大小都一样。于是涵涵停止了搭建,作品似乎完成了。

 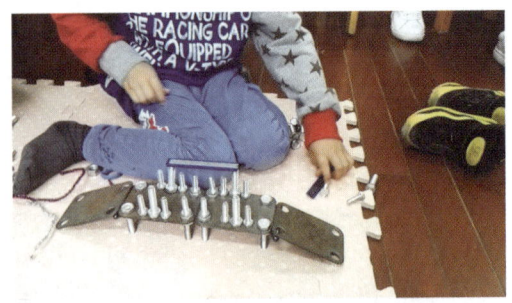

◆ 图23 ◆ 涵涵将蓝色长磁铁条架在两侧栏杆上。　　◆ 图24 ◆ 涵涵调整了蓝色长磁铁条的位置。

过了一会,他开始调整栏杆的数量。又过了一会,他找到蓝色长磁铁条,并把它架在两侧第五根栏杆上,这样两侧的栏杆就连起来了。他看了看桥面,觉得不妥,又调整蓝色长磁铁条的位置,将其架在里侧的栏杆上。

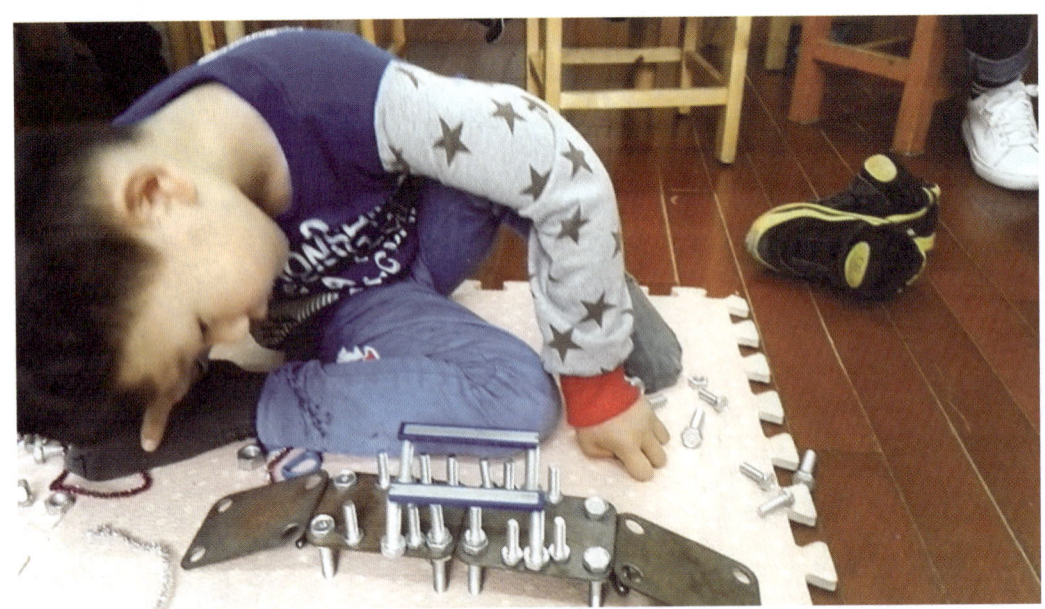

◆ 图25 ◆ 外侧栏杆的蓝色长磁铁条也架好了,涵涵低下头观察。

随后,外侧栏杆上也架上了蓝色长磁铁条。两侧栏杆的蓝色长磁铁条都架在第二个螺丝和倒数第二个螺丝上,涵涵低下头观察着。

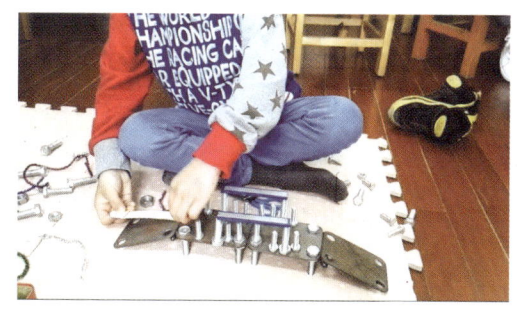
◆图 26 ◆ 他将黄色长磁铁条摆在桥左端斜坡上。

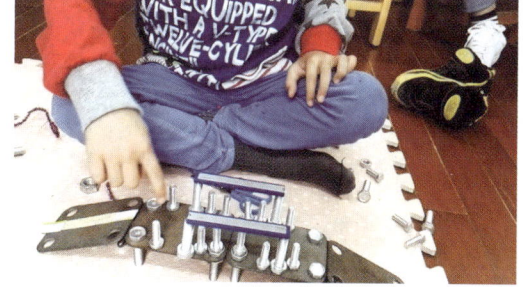
◆图 27 ◆ 涵涵右手食指比画黄色长磁铁条的方向。

接着他又找来黄色长磁铁条,并轻轻地放在桥左端斜坡上。

我问他为什么这样做,他没回应。黄老师问:"涵涵,为什么这里要放这个呀?"他右手食指比画着,但没说话,他的意思是可以沿着黄色长磁铁条的方向走上桥。

◆图 28 ◆ 黄色长磁铁条从左侧拼接到右侧。

涵涵继续用黄色长磁铁条拼接,形成了一座完美的桥。我没有出声,继续观察,并猜想:他完成了吗?还会怎样做呢?

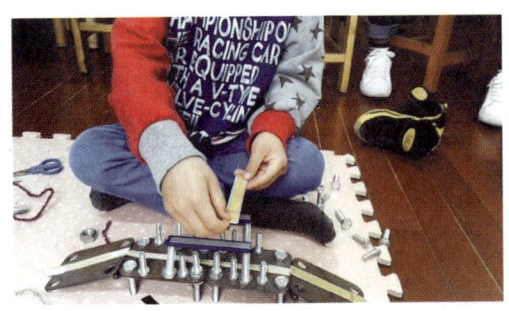
◆ 图29 ◆ 涵涵又将一根黄色长磁铁条架在蓝色长磁铁条上。

◆ 图30 ◆ 涵涵伸出左手食指,仔细比画黄色长磁铁条是否一样长。

过了一会,他又拿起一根黄色长磁铁条,架在蓝色磁铁条上。

黄老师是孩子学习、发展的支持者、合作者,她快速地在旁边又准备了一些黄色长磁铁条,涵涵拿了几根,一一架在蓝色长磁铁条上。

又过了几分钟,他伸出左手食指,沿着黄色长磁铁条边缘,由左往右比画了一下。我看得出来,他希望黄色长磁铁条一样长短,但现场没有这么多一样长的。

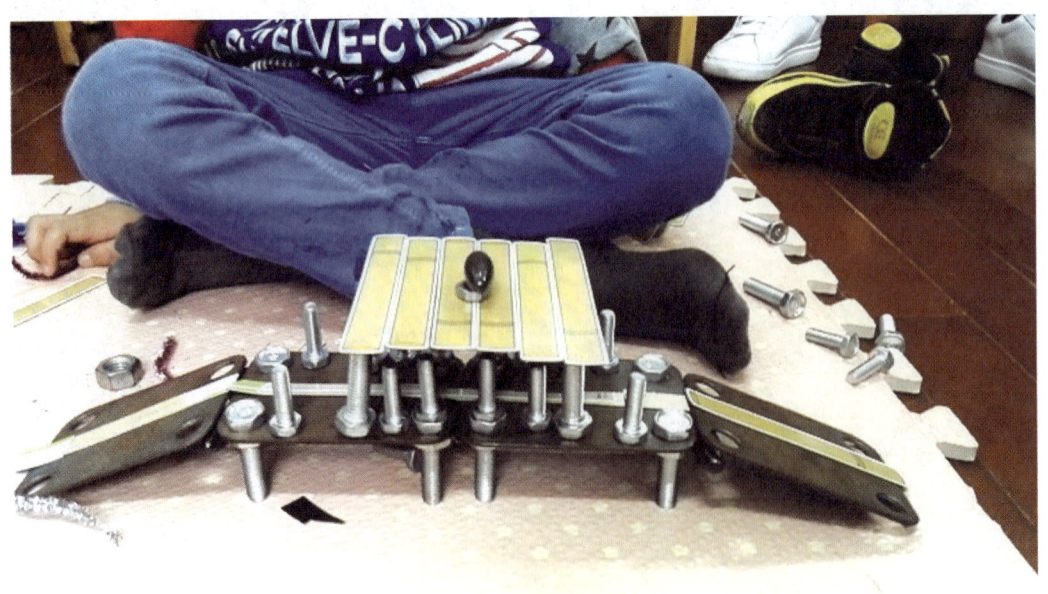
◆ 图31 ◆ 涵涵的作品"我的桥"完成了。

又过了几分钟,他将一个螺丝和螺帽装在一起,放在顶部中间位置。我问他:"成功了吗?"他点了点头。黄老师摸着他的头说:"涵涵,你搭的是什么,能介绍一下吗?"

"桥。"他低低地用一个字回答。

我说:"我好喜欢你搭的这座桥哦,你在哪里看到过这样的桥?"他没有回答。我跟黄老师商量能否保留作品"我的桥",并找个地方陈列。

二、剖析反思

这是中班孩子涵涵同一天不同时段在螺丝螺帽区建构不同作品的两个故事,他上午建构了"电风扇吹哥哥",下午建构了"我的桥"。螺丝螺帽本身跟电风扇、哥哥弟弟、桥都是没有关联的,但涵涵依托已有的经验,用自己的想象和创造,建构出了这些作品,抒发了内心的情绪、情感和想法。

剖析一:行为表现。对于涵涵在建构活动中的表现,我感到震撼,下午整整40分钟,涵涵很专注,他不断尝试、调整、完善建构作品。看得出他的建构能力很强,知道什么是对称,能将简单的材料快速组合,呈现出一定的形象。

剖析二:个性特点。涵涵有些内向,似乎有点自我封闭,但观察他上午的建构内容,"弟弟躺在床上睡觉,哥哥在旁边看着他",感觉他有生活经验,而且内心充满关爱。

剖析三:与人交往。上午和下午涵涵都是独自玩,他不与同伴合作,跟其他小朋友没有任何交流。我几次和涵涵交流,他一般都不回答,或者低下头,或者将眼神移到别处,避免与我对视。黄老师和他有交流,但总是黄老师问,他简短地回答,声音很低。

三、交流和家访

涵涵为什么会有这样的性格特点?是因为跟我们不熟悉,还是他一贯如此呢?我和苹果班两位老师交流,了解他平时的所有情况:他家里有几个人,他喜欢玩什么游戏,他有哪些爱好,他的好朋友是谁……有些情况黄老师知道,有的情况,两位老师也并不十分清楚。

于是,我们前去家访。涵涵家离幼儿园不远,他爸爸在杭州工作,他平时和奶奶生活在一起。涵涵看到老师,又难为情又很雀跃,一直不停地笑,但没跟我们说话。墙上有一幅涵涵的画,画了一只骆驼,骆驼背上有很多房子:树木房子、机器人房子……

奶奶说,每天都是她接送孩子,孩子

◆图32◆ 涵涵的绘画作品,挂在家里的墙上。

喜欢画画，平时很懂事，会帮着家里做事，旁边有个体育健身广场，孩子也会去那里玩。

进一步观察，我发现涵涵只有一个固定朋友。他一般不跟别人说话，平时也只偶尔简短地回答黄老师的问题，与班里另一位老师也几乎没有交流。

一直以来，我们幼儿园教育的关键词是"适切儿童"，目标是促进所有幼儿的可持续发展。我们希望他们走出校园时，是一个完整的、全面发展的人，所以我们心中装着《3-6岁儿童学习与发展指南》，用整体思维，既关注每一个幼儿的现状，又考虑他们的明天和未来。

如今，涵涵的种种表现引起我们的关注，我们特别愿意也希望走近他，希望放眼涵涵的长远未来思考教育活动的价值和意义，希望把对整体保教质量的追求转化成每时每刻的过程性关注。我们思考着、迁移着，幼儿园教育管理也随之改革……

第二节　螺丝螺帽运动会

——涵涵敞开心扉

一、背景介绍

涵涵已经升大班了，我们持续关注螺丝螺帽区的进展，同时关注着涵涵，既关注他的外在表现，也关注他的内隐情感，我们希望走近他，帮助他快乐成长。

走近他就要找对路径，要从他愿意敞开心扉的地方入手，所以我们寻找着他表达的途径：画画、积木建构、科学探索、绘本阅读？通过观察他，我们发现他在用螺丝螺帽建构作品方面有难得的钟爱、天赋和能力。在这里，他仿佛插上了飞翔的翅膀，他能用30分钟建构青洋高架，用52分钟建构紫荆公园里的摩天轮……他用许多有创意、充满美感的作品，表达着内心的情感。

于是，我们就在螺丝螺帽区开始了关于这个孩子的观察和支持活动。黄老师扩大了原螺丝螺帽区空间，当观察到孩子们更喜欢在桌面搭建后，又把螺丝螺帽区从地面移到了桌面。我和班级两位老师商量好，在螺丝螺帽区让他尽情搭建、自由表达。在涵涵搭建好作品之后，我们或者蹲在他身边，轻声跟他交流，请他介绍搭建的故事；或者请他把搭建故事讲给好朋友听；一段时间后，又请涵涵在全班孩子面前分享搭建故事。他搭建的作品，我们会请其他孩子来猜想，并长时间在明显的作品区陈列。再后来，在设计搭建主题时，请涵涵介绍自己的想法。当其他孩子在搭建中碰到困难，我们会建议孩子去找涵涵帮忙……我们主动亲近他，关心他，经常和他一起游戏或活动，为他创造交往的机会，指导他交往的规则和技能，关注他的感受，保护他的自尊心和自信心。

围绕涵涵的特长，运用适宜的方式做教研，这样的教研模式开展之后，慢慢显示出成效，他开始愿意交流，愿意向我们敞开心灵世界，他也体会到了交往的乐趣。

二、案例呈现

1. 这是蜜蜂。

2016年10月13日，涵涵和小伙伴在玩螺丝螺帽，一开始，涵涵几乎还是不与同伴交流。分享环节，老师邀请涵涵分享，涵涵介绍完自己的作品后，又举起右手，手指上放了个磁铁，他说："这是蜜蜂，蜜蜂在蛰我。"看得出，涵涵开始有所变化，他愿意与小伙伴们交流、分享了。

◆ 图1 ◆ 涵涵和小伙伴一起玩螺丝螺帽，大家各自搭建。同伴讨论时，涵涵没有说话。

◆ 图2 ◆ 慢慢地涵涵介入交流。

◆ 图3 ◆ 分享环节，涵涵举着右手，手指上有个磁铁，他勇敢分享："这是蜜蜂，蜜蜂在蛰我。"

2. 羽毛球场上的故事。

2016年11月7日，涵涵搭建了图4这个作品。我看不懂，于是指着图4红圈里的东西问他："涵涵，我来猜猜看，这是一个大哥哥吧，旁边这个小的东西，我不知道是什么哦。"我又指着图4蓝圈里的东西说："还有这些，我也看不懂，你能告诉我吗？"他很认真地说："这是我爸爸的学校，我搭的羽毛球场（网），一共有3层。这是打羽毛球的哥哥，这个小的是羽毛球。"

◆ 图4 ◆ 涵涵在讲述羽毛球场上的故事。　　◆ 图5 ◆ 涵涵坐过来，帮助同伴介绍打乒乓球的故事。

我又指着旁边的作品问："这是什么？"涵涵马上坐过来，帮助同伴介绍："两个人在打乒乓球，这旁边的是摄像头，摄像头拍到了，就传给警报器，警报器会响，旁边一圈是围栏。"看到他如此大方地对我介绍，我们知道，这个孩子已经发生了变化，已经愿意在我和其他老师面前主动说话，说明我们的微教研方向是正确的，我们围绕他所做的事情是有意义的。

其实在这个阶段，我们一直在思考如何让涵涵敞开心扉。在前期观察中，我们发现这个班级的孩子最近一直在讨论着"健康宝贝运动会"的话题，因为东青幼儿园组建代表队参加了2016年常州市"健康宝贝运动会"，苹果班有部分孩子也参与了阳湖拳、投篮、射门、运球等多个游戏项目，这些孩子回来后，兴奋不已地分享着自己的所见所闻，其他孩子都很羡慕，看得出来涵涵也很向往。该怎么因势利导做教研呢？在我们还没有想好的情况下，涵涵居然搭建了这样一个羽毛球场，原来体育和搭建也是可以结合起来的。

于是孩子们感兴趣的关于"运动会"的话题的展开，成为我们对涵涵继续进行微教研的大背景。我们希望在搭建螺丝螺帽运动会的过程中，涵涵能进一步敞开心扉，带动更多的孩子来搭建，并在帮助同伴的过程中树立自己的"威信"。

3. 我们都是好朋友。

黄老师在班级分享了"常州市健康宝贝运动会"的活动集锦，还请参加运动会的孩子讲述运动会上发生的趣事。

◆图6◆ 东青幼儿园代表队参加常州市"健康宝贝运动会"开幕式情景。

孩子们都睁大眼睛，听得津津有味，脸上洋溢着对运动会的好奇和兴趣，有的孩子还谈论起电视里看过的运动会。

黄老师提议："感兴趣的小朋友可以在积木区和螺丝螺帽区尝试搭建体育场，该怎样搭建，我相信你们会有好点子哦。也可以去图书馆找一找、看一看关于运动会的书。"

有几个孩子自主选择了螺丝螺帽区，涵涵也在这个区里。黄老师特意控制节奏，没有让孩子们直接去搭建，而是请他们围在一起，然后问："为什么你们几个在一起？"刘诚坤说："因为我跟涵涵是好朋友，跟张俊、牟立坡也是好朋友。"张俊高声回答："我想跟着涵涵搭，我们都是好朋友，我想跟好朋友在一起。"牟立坡说："我跟涵涵是好朋友，因为涵涵有想象力，我也有想象力，可能是我们姓牟的都有想象力吧。"涵涵神采奕奕，甜甜地笑着，两眼发光。随后，选择螺丝螺帽区的孩子们开始商量如何建构，涵涵提议用螺丝螺帽开一场自己的运动会，他的想法得到了小伙伴的一致肯定。此时，涵涵已经拥有了小粉丝和好朋友。

4. 我们一起开螺丝螺帽运动会。

◆ 图 7 ◆ 涵涵规划场地。

◆ 图 8 ◆ 刘诚坤和张俊按照涵涵的想法搭观众席。

他们立即开始搭建运动会，游戏倡导者涵涵首先规划场地。他指着图 7 红色圆圈标识的区域说："牟立坡，这里必须要大一点，这里搭个足球场。"又指着绿色圆圈标志的区域说："我在这里搭乒乓球场。"

另外两个好朋友刘诚坤和张俊干什么呢？涵涵说："运动场上有观众席，很大的，你们两个先搭个观众席，再造个篮球场……"规划好了场地，小伙伴们立刻行动起来。

◆ 图 9 ◆ 按照规划，大家各自开始搭建。

◆ 图 10 ◆ 牟立坡提议扩大运动场，涵涵响应并重新规划场地。

在搭建中孩子们发现，当一筐材料都用完时，筐子没有地方放。

当想要把观众席、足球场放大时，空间明显不足。

于是牟立坡提议："我们把运动场再搭大一点吧！"涵涵听后立即响应："我们可以把筐的位置换一下。"说着还当场比画了一下如何换场地。

◆图11◆ 小伙伴调整材料筐。

◆图12◆ 涵涵建议搭围栏。

随后，小伙伴们合作调整材料筐的位置。他们小心翼翼地把所有材料筐都移到了桌子的两端，中间区域都预留出来用于搭建运动会场地。

看着小伙伴们有的搭足球场，有的搭观众席，有的搭跑道，有的搭篮球场……涵涵又建议："我们搭个围栏，把所有的运动场都连起来。"小伙伴们接受建议并开始搭建运动场的围栏。

◆图13◆ 搭建完成，涵涵介绍作品，红色圆圈标志的是领奖杯区域。

过了一会儿，专属于他们的运动会场景搭好了。

涵涵说："我搭的是乒乓球场，桌子中间有两块铁板，铁板两边桌子是乒乓球台，小朋友在打乒乓球。每一次必须要打过铁板才能算赢。打赢之后，会有奖杯。"随后，他的手指向红色圆圈标志的奖杯区域。据他介绍，中间那个是第一名的奖杯（用一根螺丝表示），右边那个是第二名的奖杯（用两根螺丝表示），左边那个是第三名的奖杯（用三根螺丝表示）。

◆ 图 14 ◆ 张俊介绍作品，红色圆圈标志的是篮球框。

◆ 图 15 ◆ 刘诚坤介绍作品，红色圆圈标志的是奖杯。

张俊指着红色圆圈标志说："这是篮球框，这是球，这些小朋友在投篮球。"

话音刚落，刘诚坤指着红色圆圈标志区域补充道："我们这里也有奖杯的，这是第一名的奖杯（圆形的），这是第二名的奖杯（半圆形的），这是第三名的奖杯（最右边的），如果没有获得名次的话，第四名的奖杯在这里……"随即他指了指里面最矮的一座奖杯。

◆ 图 16 ◆ 牟立坡介绍作品"跳水台"。

◆ 图 17 ◆ 涵涵和牟立坡建构的"足球场"。

牟立坡搭的又是什么呢？牟立坡说："我用螺丝螺帽和纸板做了一个跳水台，一共有 3 层。每一个小朋友都要跳进前面的水池里面，进行游泳比赛。比赛结果，第一名的奖杯是个螺丝，第二名是螺帽，第三名是小盖子。"

随后，涵涵和牟立坡又一起合作完成了原定计划搭建的"足球场"。

羽毛球场、篮球场、跳水馆、乒乓球场等运动场地慢慢地被搭建起来，运动会有趣又热闹。

活动结束，老师请其他孩子来参观运动场地并一起交流。

孩子们自由猜想：这是什么呢？有的孩子说："小朋友在草地上睡觉。"有的孩子说："这是小朋友在操场上做仰卧起坐。"

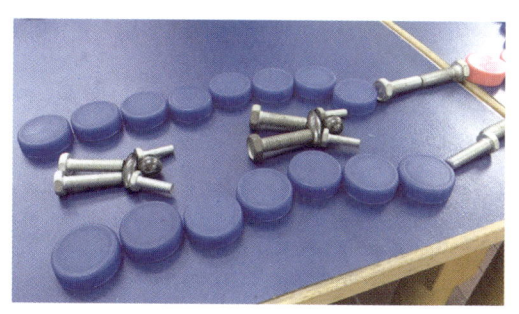 

◆ 图 18 ◆ 有了牟立坡的跳水台，涵涵又在旁边建造了"游泳馆"。

◆ 图 19 ◆ 涵涵说："这是运动场上的跑道。"

　　涵涵公布答案："小朋友在游泳。"原来，有了牟立坡的跳水台后，涵涵又别出心裁地造了"游泳馆"。瞧，小伙伴们正在练习仰泳呢！

　　这些又是什么呢？有的说是小朋友上学，有的说爸爸妈妈带着宝宝去公园。涵涵激动地揭秘："这是运动场上的跑道，他们在跑步。有的哥哥跑得快，一直跑在前面，有的哥哥跑得有点慢。"

　　最后，我们请搭建者在全班逐一介绍作品，大家让涵涵第一个介绍。老师问为什么让涵涵第一个介绍，刘诚坤说："因为是涵涵先想出来的。"涵涵稍微有点难为情，稍稍迟疑后，小脸红红地开始介绍，虽然声音不高，但条理清楚，其他孩子聚精会神地听着。

三、反思感悟

　　以前涵涵不爱与人交往，不会主动与人交流。他只有一个好朋友陈子睿，每次建构中需要向别的孩子借材料，他都不会直接去说，而只是让好朋友陈子睿去帮他借，当陈子睿说："你自己去要吧！"他不说话，也不去借，于是陈子睿两手一摊："我去吧，谁叫我是你的好朋友呢。"而现在的他，在一次次介绍作品、分享好点子的过程中，学习着交往的技能，感受着交往的快乐，他的朋友多了，这些朋友都很信任他，愿意跟着他玩螺丝螺帽游戏。

　　今天，他和其他孩子的交流，他在整个活动中的表现，他对作品的完整介绍，我一点也不觉得奇怪，但来参与教研活动的老师们看到了他的变化都感到震撼。事实上，他不是这个时候突然发生变化的，我们一直在持续地对他做观察和思考，对他的行为通过教研去分析，引导他走出自我，接纳别人并共同游戏。从而他慢慢敞开心扉，获得成长。

四、活动延伸

1. 从单独搭建到合作完成作品。

涵涵和小伙伴的螺丝螺帽故事还在继续,以前的单独搭建作品的情形不见了,更多地开始呈现合作建构作品的情况。

◆ 图20 ◆ 2016年11月14日,涵涵和小伙伴自发尝试建构螺丝螺帽运动场。他们不再单独搭建,而是规划一个大运动场,然后分区域合作。

◆ 图21 ◆ 关于运动场的建构内容越来越多,今天涵涵主要建构足球场。

2. 从玩螺丝螺帽到玩智力游戏。

涵涵和小伙伴的交集越来越多了。2016年11月21日,涵涵和同伴在分角色玩左手右手游戏。第一轮,牟立坡发令,牟子涵监督,4个孩子听口令并快速出左右手。第二轮,涵涵发令,牟立坡监督,4个孩子听口令并快速出左右手。第三轮,涵涵和牟立坡听口令并出左右手。如此往复。涵涵沉浸在游戏中,玩得乐不可支。

◆ 图22 ◆ 第一轮游戏。

◆ 图23 ◆ 第二轮游戏。

3. 从活动室到园门。

涵涵的活动范围扩大了,以前早晨来园,涵涵都是直接走进班级,随着交往能力的提升,他不再局限于在活动室交往,早晨来园,他会在园门口逗留,等待小伙伴。

◆ 图24 ◆ 涵涵在园门口等到了第一个小伙伴。

◆ 图25 ◆ 涵涵和第一个小伙伴商量,一起等另一个小伙伴。

4. 从运动场到军事基地。

孩子对螺丝螺帽的喜爱与日俱增,他们建构的内容不断拓展,不再局限于运动场,有时可能是军事基地,有时可能是游乐园。

◆ 图26 ◆ 2016年12月,涵涵和小伙伴尝试合作建构军事基地,小伙伴说:"这是扫描坏人的机器。"涵涵点头。

◆ 图27 ◆ 小伙伴又说:"这是扫描坏人飞机的。"涵涵非常赞同:"嗯,扫描器。"

◆ 图28 ◆ 涵涵邀请小伙伴建造潜水艇,小伙伴问:"潜水艇有什么用啊?"涵涵说:"潜水艇可以下水,可以寻找海洋的秘密。"

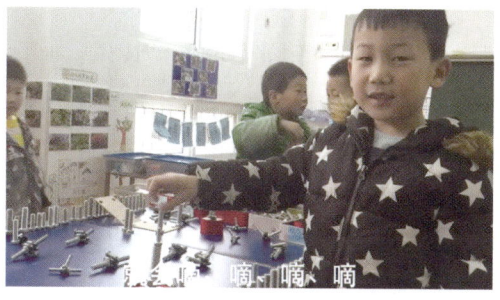
◆ 图29 ◆ 涵涵主动向我介绍:"这是火箭,它想要起飞前,这个会响,嘀嘀嘀……如果它倒数10下,火箭就会发射。"

第三节　超级游乐场

——涵涵走出自我

一、背景介绍

时间已经到了 2017 年 6 月底，我们关注涵涵已经一年了。他的变化很大，尤其是在螺丝螺帽运动会之后，有了质的飞跃。清晰地记得 2016 年 12 月，有一天早晨他来到幼儿园，看到我站在校门口的种植园地，他就停下来，笑嘻嘻地看着我，虽然没打招呼，但从神态看得出，他好像问我在干什么。我招呼他："涵涵早，你来啦，快过来，我在数桃树上还有几片叶子，你要不要也来数一数？"他嘴巴咧得更大了，快快乐乐地走过来，开心地数着……

◆ 图 1 ◆　苹果班的螺丝螺帽游戏馆。

2017 年的上半年里，他有了跟人交往的自信。不仅在螺丝螺帽区，还在更大的场合，我们都能清晰地看到他个性的变化。在言语上，他跟其他孩子有了越来越多的交流；在行为上，他与其他孩子有了经常性的合作。在交往上，他对别人的想法会悦纳，自己有一些建议性的想法，也会和同伴商量，并根据想法共同创造作品。如今的他，阳光、健康、快乐，有自信、有主见。

螺丝螺帽区也在变化，因为越来越多孩子喜爱这个区，苹果班的午睡室变成了螺丝螺帽游戏馆。

在游戏时间，孩子们会快速地将桌子分列两排，再从走廊上拿来一筐筐螺丝螺帽材料，放到中间一排小桌子上，然后按需取材并操作。

二、案例呈现

1. 涵涵主动寻找伙伴。

2017年6月底，区域游戏时间，涵涵找到张俊和陈涛，搂着他俩说："我们搭一个超级厉害的游乐场，我们想想看，游乐场有什么，有什么我们就来搭什么。"

我和黄惠琴、吴晶、张金老师，看到涵涵灿烂的笑脸和搂着两个小伙伴的情景，相视着笑了。

◆图2◆ 涵涵搂着张俊和陈涛，商量合作搭建游乐场。

他真的变了，他的朋友多了，他能想办法主动召集朋友和自己一起玩游戏。他真的变了，变得自信了，他能主动发起活动邀请，提出搭建的主题，并说出自己的想法。他真的变了，变得懂得与同伴合作了，从肢体动作和言语上都看得出他在接纳别人，在主动交往。

2. 涵涵热心帮助伙伴。

张俊开始搭足球场，他搭了两个球门。

涵涵停下自己手中的搭建活动，帮张俊在球门下面放了一个横挡，然后说："张俊，这里拦一下吧，万一球一踢呢，会滚出去的，拦了就滚不出去了。"

张俊认同涵涵的建议，并学着涵涵，在另一个球门下面用螺丝也加了个横挡。

涵涵继续和张俊商量，他比画着两个球门周围的场地，说："你把这里围起来，这里的地方也围起来，然后在这里做个大门。这样的话，我们就可以从大门进足球场踢球，球也跑不掉。"

张俊赞同地说："嗯，这里可以放一个小朋友。"然后，他们在球门周围搭围栏。

◆图3◆ 涵涵和张俊商量如何规划球场。

我说："如今的涵涵在小伙伴中是极受信任的，所以张俊才会听取他的建议。"张金老师说："对啊，而且涵涵都是用商量的语气进行答复，我觉得他很懂得交流的技巧哦。"

其实，一直以来，我们与涵涵的家长、班级老师达成共识，为他创设温暖、关爱、平等的家庭和集体生活氛围，建立良好的亲子关系、师生关系和同伴关系，陪着他学习怎样协商，怎样交往，怎样对待他人，我们的这些努力在涵涵身上已经表现出作用。如今，他会关注别人的情绪和需要，并能给予力所能及的帮助。

3. 涵涵的贴心滑滑梯和卫生间。

◆ 图4 ◆ 涵涵说:"我搭的是滑滑梯,上面有栏杆。"

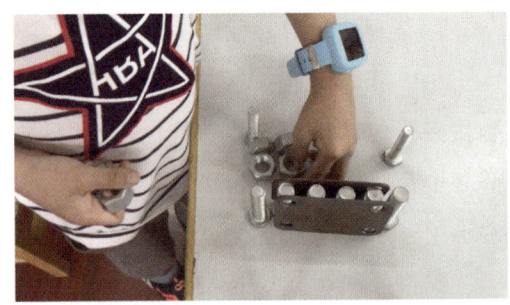
◆ 图5 ◆ 涵涵说:"小朋友要小便怎么办?我搭一个卫生间吧!"

张俊一边搭建一边问涵涵:"你搭的什么呀?"

涵涵说:"我搭的是滑滑梯,可以从这边楼梯走上去。这是栏杆,万一小朋友摔下去的话,这个栏杆会摇一摇,小朋友就不会掉下去。"

陈昊问涵涵:"你那个两边都要保护起来吗?"

张俊帮着涵涵回答:"对呀,防止小朋友摔下来。"

涵涵说:"万一两个小朋友在上面,他们挤来挤去,不小心会掉下来,我把这两边围起来,就掉不下去了。"

滑滑梯搭好了,涵涵说:"小朋友要小便怎么办?我搭个卫生间吧。"

涵涵搭了一会,说:"这里是女厕所,这是女厕所的马桶。"

张俊说:"这个厕所没有围栏哦,厕所没有围栏,上厕所时给别人看到了羞不羞?"

涵涵说:"对哦。"他赶紧竖了一圈螺丝当厕所围栏,又问张俊:"还缺了什么?"

张俊看着厕所,涵涵也端详着,突然涵涵说:"对,还要男厕所,男厕所要稍微高一点。"

◆ 图6 ◆ 涵涵介绍:不同的人用不同的马桶。

◆ 图7 ◆ 小蚂蚁的马桶超级小。

张俊过来看,涵涵介绍:"这是小便用的,这是大便用的。"搭了一会,涵涵说:"这是超大的大人用的马桶,这个是大哥哥用的马桶,这是小孩用的马桶,这是最小的小孩用的马桶,从大到小。"

涵涵又说:"做个小蚂蚁用的马桶,小蚂蚁的马桶超级小。好啦,已经造好了。"

◆图8◆涵涵在卫生间上面做标志,方便别人寻找。

◆图9◆2017年6月19日,涵涵在"电风扇吹哥哥"旁边增添了一个"轮椅"。

涵涵又继续搭建着,他说:"上面搭点花纹装饰。这里是一个标志,标志上面写这里是卫生间,防止别人找不到卫生间,只要这个放高一点,他们就可以看到卫生间,就可以看了牌子走过去。"

看到这里,黄老师说:"这真是一个暖男,他的心里充满了爱。"我很认同,涵涵搭建的很多作品都具有人文性,他很关心别人。一年前,在第一个案例中,他搭建的"电风扇吹哥哥"就透露出浓浓的亲情。一年后的前几天(也就是2017年6月19日),他奶奶被车撞了,他关心奶奶,就在去年搭建后一直陈列着的作品"电风扇吹哥哥"旁边,搭了一个轮椅,他说如果奶奶站着疼的话就可以坐到轮椅上,奶奶出院后,有了轮椅上厕所就方便了。

今天,涵涵在游乐场搭建滑滑梯时,他想到要有护栏,防止小朋友掉下来。在游乐场里他还搭建了男女卫生间和各种型号的马桶,这更体现了他具有人文情怀。我们看到了他对人的关爱、他展现的亲情。

吴老师:"我最大的触动是他内心的情感世界,其实我观察的不是他搭建的什么东西,而是通过搭建了解到他的生活世界和心灵世界。"

张老师:"很多时候,在孩子建构内容背后,也许有故事,而当我们去倾听,当我们走近,就会从故事里发现孩子的内心世界。"

4. 陈昊的风景台和张俊的跷跷板。

◆ 图 10 ◆ 陈昊搭建了风景台。

◆ 图 11 ◆ 张俊演示跷跷板。

陈昊完成了风景台的搭建,他说:"你们看,我搭的是风景台,是看风景的地方。从楼梯走上去的,在上面可以看到美丽的风景。这上面也可以唱歌,有唱歌的东西。"

涵涵很认真地看着,然后说:"可以唱歌,还可以跟别人说'坐在上面要小心'。"

大家都搭得差不多了,涵涵看着各自搭建的东西,说:"唱歌的地方、踢球的地方、厕所、滑滑梯,哦,我们还没有跷跷板,等一下我们再搭个树屋。"

张俊摆弄着一个搭建的东西,说:"有跷跷板,你看,这是我搭的,它一直在摇。"

涵涵说:"哦,那我们在这里再搭别的东西吧,在这里搭一个过山车吧,我们一起搭过山车。"

涵涵由以前的不开口说话,或者很少开口说话,变得能自如大胆地跟同伴进行交流,他跟别的孩子也能很好的合作。在搭建过程中,我们也看到他能与同伴友好相处,比如,在搭建厕所的过程中,他能倾听和接受张俊提出要搭围栏的建议,又主动询问张俊"还缺了什么"。当陈昊想搭建既可以看风景又可以唱歌的风景台时,涵涵积极回应,肯定了陈昊的想法,并提出自己的建议:"还可以跟别人说'坐在上面要小心'。"陈昊欣然接受:"是的。"再比如,涵涵本来想搭建跷跷板,当张俊边演示边说已经搭好了的时候,涵涵就说:"哦,那我们在这里再搭别的吧,在这里搭一个过山车吧,我们一起搭过山车。"

从这些看出,涵涵和小伙伴之间没有争执,他没有强求别人做什么,不做什么,他会尊重、倾听并回应他人。

其实,在与成人、同伴交往的过程中,幼儿就在学习如何与人友好相处。所以,我们平时特别强调积极健康的人际关系的创设,特别注重教师言行的榜样作用,同时让幼儿知道,别人的想法有时和自己是不一样的,要学会倾听和理解……涵涵和小伙伴在观察、模仿、潜移默化中学习这些相处技能,并开始在活动中运用。

5. 涵涵和伙伴的超级游乐场。

◆图 12 ◆ 涵涵演示搭建过山车。

◆图 13 ◆ 涵涵示范如何固定纸板。

陈昊说:"拿那么多板子干吗?"

涵涵说:"搭过山车。"

涵涵演示了一下,说:"我想这样。"

陈昊说:"拿点吸铁石固定。"

涵涵说:"我们可以不要吸铁石,这个可以固定的,上下都要固定,吸铁石不行。"我们发现涵涵对材料非常了解。

张俊说:"对,不要吸铁石。"

◆图 14 ◆ 3 个人一起设计过山车路线。

◆图 15 ◆ 一起商量在拐弯处分两条线路。

涵涵说:"要搭一辆小汽车。"

张俊说:"在这里转弯。"

陈昊说:"不能再转弯了,转圈了,转晕了。"

张俊说:"能转弯的。"

涵涵说:"不要转弯吧,这里做个分叉路。"

◆ 图 16 ◆ 拐弯处的两条路搭建完成。

◆ 图 17 ◆ 完成超级游乐场的其他设施。

张俊说:"好,那边放一个,这边放一个。"

陈昊说:"终点线这里应该搭个停止。"

张俊说:"不要吧,路要很长的。"

涵涵说:"那里也不是终点,如果他们走错路,他们就要回过来再找一条路……"其他两个人同意了他的建议。

张俊说:"我坐过过山车。"

陈昊说:"我没坐过。"

涵涵说:"你这么大就开始坐过山车,我没坐过,9岁才能坐的。"

张俊说:"我妈妈带我去的。"

陈昊说:"晕吗?"

张俊说:"不晕,它是从这里开,呜呜呜……"

涵涵说:"我记得我看过的过山车这里有灯泡。"

张俊说:"我坐过过山车,过山车里面都是黑漆漆的。"

涵涵说:"我见过那种的,他们先到恐龙山洞,恐龙山洞很远很远,然后直接冲下来。"

张俊说:"我去过。"

涵涵说:"很好玩的吧?"

张俊说:"嗯,好玩的,但有点害怕。"

陈昊说:"还要搭个小孩,过山车到达终点,这个小孩就会告诉他怎么开的。"

◆ 图 18 ◆ 涵涵用螺丝螺帽组装了一个东西，说："这是我们的遥控器，控制过山车的，这里是开关，这两边就是按的。"

在大家的通力合作下，超级游乐场完美呈现出来。

过山车的搭建体现的是经验分享，体现的是幼儿之间的合作。涵涵用经验与同伴一起完善建构作品，在建构过程中，他也采纳别人的建议。比如，张俊和陈昊一个说要转弯，一个说不要转弯时，涵涵用商量的语气说："不要转弯吧，这里做个分叉路。"商量的语气体现出他的自信，体现出他具有丰富的搭建经验，体现出他与同伴的合作非常好。这也正如开头所说，涵涵变得有想法了，他会跟别人合作游戏了。

再比如，张俊说他妈妈带着他坐过山车时，涵涵说自己没坐过山车，但看过，在这个过程中，他们为了共同的目标，分享各自的经验，互相配合，从而建构他们想象中的、厉害的、有开关的过山车，进而建构出厉害的超级游乐场。

三、系列反思

从"电风扇吹哥哥"到"我的桥"，从"螺丝螺帽运动会"到"超级游乐场"，这是我们持续一年时间对涵涵做的微教研。

◆ 图 19 ◆ 2017年6月的涵涵，他正在分享作品。　　◆ 图 20 ◆ 2017年6月的涵涵，他拿着作品和好朋友合影。

我们的教研脉络是走进——敞开——走出。走进，是我们走进涵涵的心灵世界；敞开，是涵涵向我们敞开心扉。我们走进他，是为了让他敞开心扉，敞开了他才能走出来，他走出自我才是我们教研的最终目的。现在，他不仅在自己擅长的游戏活动里能自信地与人交往，在其他方面亦是如此。

我们的教研方式是跟着幼儿走。这是一个动态的过程，在这个过程中，教研并没有大张旗鼓地进行，而是我、张金老师和涵涵所在班级的两位老师随时交流，随时拍摄，随时反思，随时支持涵涵，并根据进展随时调整教研方式。我们用自己的教研方式给予他心灵和情感的关注，辅助他、陪伴着他慢慢成长。

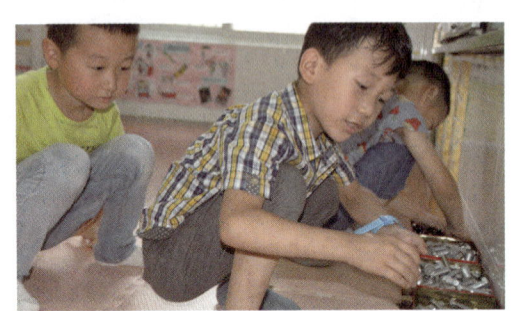 

◆ 图 21 ◆ 涵涵和小伙伴在整理材料。　　◆ 图 22 ◆ 涵涵和小伙伴商量建造紫荆公园。

吴老师："涵涵真的不一样了。"

张老师："是啊，他现在变得特别阳光，他的朋友也多了。"

黄老师："现在他在草莓班也有朋友了。"（原来草莓班也在玩螺丝螺帽，两个班交流时，涵涵收获了新朋友。）

我问："现在涵涵在其他方面表现得怎么样？"

黄老师："他很有礼貌，喜欢玩积木、做实验、玩纸管、玩沙。玩纸管的时候可以一个人站在纸管上往前走，还可以吊单杠，并吊着往前攀爬，运动能力比较强，还喜欢投篮，喜欢玩足球……"

从中班到大班，历时一年多，我们关注具体问题，注重随时随地为涵涵创造交往机会，指导他如何提高交往技能。2017年，他从幼儿园毕业时，我们看到了这一年来的教研成果，涵涵的性格有了改变，他的交往能力也有了提高，他积极参与到各个活动中去。他有了主动跟同伴交往的意识，并能主动帮助别人。他不再只局限于自己的内心，他的世界变得宽广，拥有了很多朋友。我们相信，他的这些发展变化对其终生发展都有重要意义。

叶澜教授说，要把每一名幼儿当作"具体个人"去认识和研究。所以这几年，我们从点到面，全园行动，做了很多这样的教研案例，关注幼儿的生活环境和发展状况，通过耐心的、无痕的、浸润式的，同时又符合儿童心理学的教研，引导幼儿健康地成长。

第二章
纸管区

纸管大小、长短不同,无污染,是可以拼搭、组合的低结构材料。户外活动区域出现纸管后,幼儿非常喜欢这种材料,我们看到了很多创意无限的作品。有宇宙飞船、火箭、飞机、大炮、海盗船、大型望远镜、军事基地、坦克、金字塔、高山、隧道、地洞、公路、桥、轨道、城堡、跑步机、跷跷板、秋千、滑滑梯、表演台、赛道、打地鼠机、帐篷、传声筒、晾衣架、攀登架、水池、挖掘机、风车、葡萄架……在纸管游戏中,幼儿的运动能力、创造和想象能力、合作能力等都得到了很好的发展。

◆图1◆ 大炮。

◆图2◆ 轮船。

◆图3◆ 跑步机。

◆图4◆ 猴子捞月。

本章选取了三个案例,第一个案例是"纸管是怎么取出来的——我的游戏我做主",教师实地观察幼儿运纸管的情况,并用视频和照片记录下来,而后用回放的方式引导幼儿自己发现问题,自己商定拿纸管的规则,并解决问题。第二个案例是"这里有多少纸管呢——我的数数趣味多",幼儿在给纸管排队的过程中,对有多少纸管产生了兴趣,他们不断尝试给纸管排队、分类、计数。第三个案例是"纸管到底有多长——我会这样来测量",幼儿用各种方式测量纸管,并用纸管测量幼儿园的很多场地和物品的长度或宽度。在测量纸管的过程中,幼儿对标准测量工具"尺子"产生了兴趣,于是进行了"说尺子、画尺子、用尺子测量、开尺子博览会"活动。

三个案例阐释了教师如何将纸管活动渗透在五大领域中,通过集体活动、区域活动、日常活动、环境创设四个途径实施。这些活动有的是幼儿发起的,也有一些是教师适时发起的,但不管是谁发起的,最后都成为共同关注的建构活动。大家彼此倾听、彼此对话,幼儿的兴趣也越来越浓……特别值得一提的是,教师、家长、幼儿共同参与评价,幼儿的认知、情感、各项能力得到发展,教师对课程的理解也加深了,家长对课程的认可度也增加了。

第一节　纸管是怎么取出来的——我的游戏我做主

一、来自于幼儿的求助

◆ 图1 ◆ 放纸管的楼梯洞

◆ 图2 ◆ 楼梯旁边的大操场

有一天,在纸管游戏时间,有个男孩来叫我:"蒋老师,纸管拿不出来,你来帮帮我吧。"我快步跟着他,来到楼梯洞,看到很多幼儿在拿纸管,场面有点混乱,这个男孩想要大纸管,他拿不出来。我先把大纸管里的小纸管抽出来,再用力把大纸管侧倒下来,然后和他一起把大纸管推出去。

这些纸管是教师、家长和社会上的志愿者一起收集过来的,有大有小。大纸管很重,长长的;小纸管很轻,细细的。平时,为了防雨水,纸管都放在楼梯洞里,大纸管里套着小纸管,一排排紧挨着。楼梯洞空间不大,看着幼儿忙碌地取纸管的场景,一个很强烈的想法冒了出来:幼儿每天都玩纸管,纸管是怎么从楼梯洞里取出来的呢？这样存放有问题吗？

因此，我和老师们追随幼儿，生发了一系列微教研活动。

二、在讨论中开启第一次微教研

我问另外几个行政人员："纸管是怎么取出来的？"他们都说从来没有关注过，不知道纸管是怎么取出来的。所以，第一次微教研，我们讨论以下问题。

1. 纸管这么多，每天是怎么取出来的？

小班老师的做法：等大班幼儿把纸管拿到操场后，再取用需要的纸管。

中班老师的做法：老师带着幼儿取纸管，大纸管侧倒下来后，将小纸管从大纸管里拿出来，递给幼儿，每人拿一到两个，或两人抬几个；中等大的纸管，有两人合作抬的，有一人推着滚的；大纸管，在老师协助下，几个人合作将纸管滚到操场上。

大班老师的做法：第一种，一位老师在楼梯洞里面，把一桶纸管推倒在地上，另一位老师指导幼儿将纸管拿到操场。第二种，先把最外面的大纸管侧倒，再把靠里面一点的纸管移到外面来，侧倒纸管都是由老师做的，一方面是方便幼儿拿，另一方面是出于安全考虑。纸管侧倒后，幼儿会抽取小纸管，再把大纸管推到操场上。

2. 是所有幼儿一起到楼梯口拿，还是轮流去拿？

老师们的办法各不相同。胡茉莉老师介绍："楼梯口小，孩子们分批进去拿纸管。也有能力强的孩子和老师一起专门负责将纸管搬出来，再由别的孩子搬到操场上。"

董青燕老师介绍："我们是个子比较高、力气大一些的孩子接纸管，力气小一些的孩子在外面合作滚纸管。"

张静老师介绍："有的会排队拿，有的会一窝蜂抢着拿。"

金瑛老师介绍："一开始是很多小朋友进去拿，老师看到很挤的时候，就会请他们让一下，等老师拿出来给他们。"

3. 拿纸管要用多长时间？

吴晶老师说："纸管搬出来会快一些，配合默契，速度快一点的话，10分钟可以完成。收纸管会稍微慢一些，有老师和阿姨帮忙的情况下需要15分钟左右。"

晓楠老师说："孩子们想快点玩，搬出来用的时间比较短，差不多需要八九分钟。收的时候有的孩子还在玩，老师提醒了孩子才会继续收，时间比较长，需要十几分钟。"

4. 幼儿是边拿边玩，还是全部拿好了再玩？

黄凌燕老师说："有的孩子拿了一些就会在那边玩，不会再回来搬；有的孩子会一直搬，把所有的纸管搬完再去玩。"她又补充道，"一般边拿边玩的居多。"

叶彩平老师说："刚开始的时候，孩子们都会积极去拿。慢慢地就会边玩边拿，往往坚持拿到最后的，也就剩下几个孩子。"

胡茉莉老师说："因为在拿之前，我们会和孩子讨论一些规则。拿的时候，有的孩子发现自己心仪的纸管，他们会将它拿到自己的地盘围起来，叫一起玩的人看好，以免被他人拿走。"

5. 幼儿拿了纸管后，会自己选择到远一点的地方玩，还是直接在就近的地方玩？

吴晶老师说："孩子们会三三两两一起玩，有一些孩子会这里玩玩，那里玩玩，有一些孩子会固定在一个地方玩到游戏时间结束。"

黄惠琴老师说："有的小朋友是看自己想要的纸管在哪里，他就会去哪里玩。有的小朋友会直接就近玩起来。有的小朋友会和要好的伙伴一起讨论在哪玩。"

胡茉莉老师说："在平时的分享交流活动中，我们会让孩子们自己组团，自己选择方便玩的场地，所以玩的场地早已经定好了，孩子们会自觉遵守游戏规则。"

6. 搬纸管的过程中，幼儿哪些能力获得了发展？

老师们觉得："孩子们的手臂力量、想象力、自我控制能力、平衡能力等都得到了发展，搬不动时自己想办法解决问题的能力也在提升，还有交流能力、相互合作能力等都获得了发展。"

"跟好朋友之间交流协商的能力提高了，观察力也得到了发展。为了运走那么粗的一个个纸管，孩子们得齐心协力，在转弯时更要协调好。"

"场地分配能力也在增强，有的能力强的孩子会领导别的孩子，会说把这个纸管搬到哪里，把那个纸管搬到哪里。"

三、在现场观察中进行第二次微教研

如果说第一次微教研是教师的"坐而论道"，那么第二次微教研则是"起而行之"，是我们在现场观察中进行的。

1. 实地观察。

2017年5月22日早晨，我们来到草莓班跟踪观察，幼儿来到楼梯洞的纸管仓库，在得到班主任蒋琴华老师"你们需要什么就拿什么"的指令后，幼儿就迫不及待开始往外取纸管。

◆图3◆ 幼儿快步走向楼梯间。

◆图4◆ 狭小的楼梯间挤满了取纸管的幼儿。

转眼间,狭小的空间里聚满了拿纸管的幼儿。大家堵在入口处,有的直接伸手拉大纸管,有的从大纸管里抽出小纸管,拖着往场地上跑去。

◆图5◆ 有的幼儿一筹莫展,有的幼儿试着抽取纸管。

◆图6◆ 穿灰色裙子和粉色上衣的两个女孩分别抱起了整桶小纸管。

粉蓝花衣服女孩踮起脚、伸手试了一下,她说:"我拿不到,太高了,我没有力气拿。"在一番观察与对比后,她抽出一个中等的纸管,和穿黑色衣服的小伙伴一起抬了出去。

瞧,穿灰色裙子和粉色上衣的两个小女孩分别把整桶小纸管抱了出去。

◆图7◆ 楼梯口,有的幼儿进,有的幼儿出,拥挤不堪。

◆图8◆ 有的幼儿把大纸管侧倒下来,楼梯口一下子被堵住了。

穿黄色上衣的男孩和穿白色上衣的男孩似乎使出了浑身力气，想把一个最大的纸管放倒，旁边紧挨着7个小伙伴，他们有的在运小纸管，有的在观望……只听"嘭"的一声巨响，大纸管应声倒地，7个小伙伴闻声迅速躲闪开去。这两个男孩推着大纸管往外滚，旁边不时地有幼儿挤过来，楼梯口又被堵住了。

◆ 图9 ◆ 通往操场的道路也被堵住了。　　◆ 图10 ◆ 楼梯口还在拥堵中（红色圆圈标志区域）。

一个个大大小小的纸管都被运往操场上，一会儿场地边（操场西南面）的纸管越来越多，连路都被堵住了，操场北面和东面却都空着。

2. 师生讨论。

在回顾分享环节，老师回放了整个视频，由幼儿自己发现问题并思考解决方案。

问题一，今天拿纸管时，你们有没有碰到困难？你们发现了什么问题？

朱永康说："拿纸管时很挤，地方太小了。小纸管要往上拔，从大纸管里抽出来，我抽的时候，旁边的小朋友老是会挤到我。"

霍昊说："小纸管都抽出来之后，要把大纸管先倒在地上，再往外滚。大纸管很重的，倒下来的时候，要看看旁边、后面有没有人，要注意安全。"

汪宇杰说："我看到他们是直接把大纸管推倒的，我觉得要轻轻地放下来，不能直接一推。"

朱思怡说："我和张鑫豪要把纸管滚出去，可是楼梯口一直有小朋友进来出去，老是堵住我们的路。"

魏俊熙说："我看到任艺馨的纸管也卡在楼梯那里了。还有，我觉得拿的时候不能拖，纸管会被拖坏的，要爱护纸管。"

张鑫豪说："楼梯那里很多小朋友聚在一起，一不小心就会摔跤，太挤了。"

董圣洁："实在是太挤了，人太多了，要是有的小朋友在外面等一等，轮流进去拿就不挤了。"

王浩宁说:"我和朱永康在外面拿的时候,好几个小朋友一直往里面挤,我们的身体都摇晃了。"

从幼儿的交流中发现,有的幼儿已经考虑到拿纸管时的安全与保护问题:旁边不能有人,要轻轻地放倒。而且他们一致认识到拥挤的主要原因是进去的人太多了。

老师问:"你们觉得一次进去几个人比较合适?小朋友们有什么好办法?"

尤庆玮说:"我觉得3个人比较合适,可以用标记表示人数,就像喝水地方的小脚印一样。"

董圣洁说:"我觉得可以是5个人。"

顾闵淏说:"去拿的时候不需要很多人,因为很多人一起拿纸管会很挤,还不安全。所以,我们可以做一个标记贴在那里,表示每次只能进几个人。"

老师又问:"那你们觉得要先拿里面的纸管还是先拿外面的?为什么?"

魏俊熙说:"先拿外面的,因为从里面拿会卡住,里面的空间太小了。"

朱思怡也认为:"里面会很紧。"

朱永康说:"外面的拿掉了,就会越来越空,也越来越好走路了。"

问题二,那纸管拿出来后都放到哪里去了?有没有发现什么问题?

尤庆玮说:"有小朋友把纸管放在场地边上了,挡住了路。我把小纸管直接拿到了场地中间。"

施雨彤说:"我是从中间直接滚过去的,为什么要从中间滚呢?因为其他地方都被堵住了。"

在现场观察游戏的过程中,我们发现朱永康遇到了问题,于是我们把视频定格在这一段,想听听他怎么说。

朱永康说:"我发现,我想把纸管滚到左边那个角落,但是中间被堵住了,没有路了,我只能把纸管搬过来朝旁边滚。"

此时,从镜头里很清晰地看到,在距楼梯出口最近的操场边,横七竖八地放着许多纸管。原来很多幼儿将纸管推倒后,仅仅运到这里(操场西南面),并没有将纸管往远处滚,所以操场西南面放满纸管,而操场中央、北面、东面很多地方都空着。

幼儿还发现,有的幼儿拿到纸管就开始在楼梯口的南面场地上建造,堵住了其他幼儿的路;有的幼儿会把纸管在地上拖着走,不爱护纸管;有的幼儿在自己搭建过程中,未征得别人同意,就直接把别人的纸管拿过来用。

3. 制定规则。

所有这些问题该怎么解决呢?幼儿提出要制定游戏规则。他们分小组商量并合作设计了游戏规则。

霍昊和董圣洁在同一组,他说:"我们画的是仓库里只能8个人进去,还写了一个8,要是9个人进去就会太挤的。"

魏俊熙和张鑫豪一组,他们规定:"拿纸管只能到仓库里去拿,不能到人家搭好的地方去拿。"

彤彤和朱思怡一组,他们制定了这样的规则:"纸管拿的时候不能扔在地上,要不然别人踩到会摔倒。"

◆ 图 11 ◆ 幼儿介绍自己制定的规则。

最后,经过幼儿投票,确定了6个规则:要排好队,一个一个去拿;拿纸管的人数不能超过8个人;拿之前看一下,不能碰到别人,碰到会疼的;拿纸管时要注意安全;不挡住路,到空地方搭建;不拿别人的纸管,要到仓库去拿。

◆ 图 12 ◆ 要排好队,一个一个去拿。

◆ 图 13 ◆ 拿纸管的人数有规定,不能超过8个人。

◆ 图 14 ◆ 拿之前看一下,不能碰到别人,碰到会疼的。

◆ 图 15 ◆ 拿纸管时要注意安全。

◆ 图 16 ◆ 不挡住路，到空地方搭建。

◆ 图 17 ◆ 不拿别人的纸管，要到仓库去拿。

4. 实践检验。

◆ 图 18 ◆ 好奇怪，大家无视取放纸管的规则，又是一下子全部涌进了楼梯洞。

在经过前天的视频分享与制定游戏规则后，5月24日上午，草莓班的幼儿拿着贴有取放纸管规则的黑板，又来到楼梯洞纸管仓库。

好奇怪，大家又是一下子全部涌进了楼梯洞。

"不能挤啦！"

"8个人，8个人……"

"只能进5个人！"

"快出来……"

幼儿发出了很多的声音。但是，大家根本不理会同伴的提醒，放在旁边的规则，似乎成了摆设，幼儿看都不看，依然挤进去取纸管。

◆ 图19 ◆ 有的人进，有的人出，楼梯口又堵住了。　　◆ 图20 ◆ 幼儿无法动弹。

此时的幼儿，各有各的想法，各有各的行动。张鑫豪好不容易挤进去，转身又出来了，说："我要去找好朋友。"

董圣洁急得直跺脚："只能进去8个人，8个人。"

而旁边有幼儿却在说："6个人。"

3个幼儿不顾同伴的提醒一直挤到了最里面……

两个小男生似乎意识到了什么，认真地阅读着贴在楼梯洞口的规则："1，2，3，4，5，6，7，8，只能进去8个人。"然而，没过多久他们也挤了进去。

◆ 图21 ◆ 大操场上也是一片混乱。路堵住了，有的幼儿直接把需要的大纸管从别的纸管上轧着滚过去。

拿到纸管后情况又如何呢？有的幼儿把纸管放在了离楼梯洞最近的地方；有的幼儿把纸管放在场地中间；有的幼儿则对其他小伙伴已经放置好的纸管视而不见，将大纸管直接从小纸管上面滚过去……迫不及待想要游戏的幼儿，几乎忘记了前天大家一起制定的所有规则。

老师反思：我们忽略了幼儿的学习方式和特点。幼儿的学习是以直接经验为基础的，我们应该支持和满足幼儿通过直接感知、实际操作和亲身体验来获取经验的需求。虽然大家在 5 月 22 日制定了取放纸管的规则，但当天只是"纸上谈兵"，幼儿并没有操作实践，而今天活动前，幼儿也没有回忆规则，所以，从现场的情况看，大多数幼儿都忘记了要遵守的规则。

5. 经验生长。

活动后，我们回放了视频。当视频中出现好多幼儿一拥而上的情景时，几乎所有的幼儿都不约而同地惊叹："哇，里面人太多了。"

视频继续播放，大家看到镜头定格在郭志康身上，他站在楼梯旁边，没有挤进去。

老师问："郭志康，你为什么站在旁边，为什么没有进去？"

"里面人太多了，我在旁边等。"郭志康回答。

幼儿看看拥挤的、不和谐的画面，再想想郭志康的回答，若有所悟。

老师顺水推舟："那你觉得小朋友是直接去里面拿纸管呢，还是用其他更好的办法？谁来说一说？"

◆图 22 ◆ 幼儿讲述如何遵守规则。

◆图 23 ◆ 幼儿介绍已经完善的规则。

顾闵淏说："按照顺序从外面一直搬搬搬，搬完结束。"

张鑫豪说："排好队，后面的人等一下，前面的人拿好了，后面的人再去拿。"

朱永康说："要排好队，一次 8 个人进去，不能超过 8 个人。"

在一次又一次的讨论中，幼儿的经验获得生长。

第一，大家决定完善规则。补充规则一：先从外面拿，再到里面去拿，拿的时候要排好队，拿纸管时不能挤挤闹闹。补充规则二：每个组找一个地方放纸管，可以放在操场的北、东、西面，但南面靠近楼梯洞门口的场地上不能放。补充规则三：将拿到场地上的纸管排好队，不能乱放……在完善规则的过程中，老师及时出示上学期学过的"标志的作用"中的图片，幼儿回顾了标志图形的颜色与形状的含义：蓝色背景的指示标志（纸管放到操场北、东、西面）、红色框加斜杠的禁止标志（禁止在操场南面放纸管）、黄色三角形的警告标志（拿纸管时不能挤挤闹闹，纸管不准乱放）。

第二，幼儿商量让平时做游戏的8个小组搬纸管。也可以两个小组合作，一个小组搬纸管，一个小组把搬出来的纸管排好。幼儿自己选择与哪个小组合作，两个小组合并后，他们可以为自己的大组起个名字。如第3组找第7组合作，他们为大组起的名字是"37"。

第三，幼儿用"石头剪刀布"的方式，决定哪个大组先到场地上选择摆纸管的区域。37大组率先胜出，他们选择了操场的北面，他们还确定第3小组到楼梯洞口取纸管，第7小组摆纸管。

◆ 图24 ◆ 纸管不再堵住要道和路口。

◆ 图25 ◆ 纸管出来的整个过程井然有序。

幼儿体会到了规则的重要性，在几次尝试中，内化了规则，并在行动上开始遵守规则。因此，此后几天，在搬运纸管过程中，有的幼儿专门负责在场地上排纸管，有的幼儿专门负责从楼梯洞拿纸管。纸管不再堵住要道、路口。纸管出来的整个过程井然有序。纸管放在哪里，也都有固定地方。

◆ 图26 ◆ 穿黄色衣服的男孩快速地跑到自己小组摆纸管的地方。

◆ 图27 ◆ 穿黄色衣服的男孩把小纸管插到大纸管里。

◆ 图28 ◆ 幼儿放好后，又朝楼梯洞跑去。　　◆ 图29 ◆ 四个大组的纸管都摆放到位。

搬好纸管后，场地上是这样的：一个大组的纸管放在场地的西边；一个大组的纸管放在场地的东北面；一个大组的纸管放在场地的西北面；还有一个大组的纸管放在场地的东面。

在一次又一次取放纸管的过程中，幼儿的经验不断生长和完善。他们想到了要把纸管横着放，这样在玩的过程中取用特别方便。一开始纸管横着放有两种方式，一种是纸管的管口对着操场，另一种是纸管的滚动面对着操场。很快，幼儿否决了第一种方式，因为他们发现纸管滚动面对着操场放更方便玩游戏。

◆ 图30 ◆ 幼儿觉得纸管滚动面对着操场放更方便玩游戏。

四、在学习中进行第三次微教研

第三次微教研我们组织教师学习。

1. 学习《3-6岁儿童学习与发展指南》。

其中"社会适应"的目标2：遵守基本的行为规范。（5~6岁，理解规则的意义，能与同伴协商制定游戏和活动规则。）教育建议：（1）成人要遵守社会行为规则，为幼儿树立良好的榜样。（2）结合社会生活实际，帮助幼儿了解基本行为规则或其它游戏规则，体会规则的重要性，学习自觉遵守规则。如经常和幼儿玩带有规则的游戏，遵守共同约定的游戏规则。利用实际生活情境和图书故事，向幼儿介绍一些必要的社会行为规则，以及为什么要遵守这些规则。在幼儿园的区域活动中，创设情境，让幼儿体会没有规则的不方便，鼓励他们讨论制定规则并自觉遵守。对幼儿表现出的遵守规则的行为要及时肯定，对违规行为给予纠正。

2. 学习《幼儿园综合活动课程》。

本书中的"幼儿学习发展进程"部分里的"5~6岁，社会性和情绪发展"板块，其中提到了"规则意识增强，逐步能遵守集体制定的行为规则，如作息时间安排、区域活动规则等，并了解原因"。

我们翻阅了本书大班上、下两册内容，重新梳理了有关规则和标记的内容。

该主题"我们的大班哥哥姐姐"，主题目标8：能用图标的方式创作与绘制生活中的标志。环境创设2：和幼儿一起讨论"活动区规则"，如材料摆放规则、收拾的规则、人数等，并按幼儿制定的活动区规则布置相应的活动区。环境创设7：布置"有趣的标志"专栏，收集、展览各种日常生活中常见的标志图片、图书等，供幼儿观察、认识，丰富关于"标志"的经验。环境创设8：将幼儿为活动区设计的规则标志，贴到班级的各个活动区。家园共育5：请家长带领幼儿在周围环境、日常生活中寻找各种各样的标志，探讨标志的作用，并帮助幼儿记录调查表。

该主题中，关于规则和标志的内容有6个活动。活动1"我们的新班级（社会）"，主要内容有：一是观察新班级环境，设置区域；二是讨论在区域游戏时，遇到了哪些问题，怎么办，从而分组制定规则。活动2"我找到的标志（社会）"：在图书、图片和生活中寻找标志，了解标志和人们的关系。活动3"标志作用大（社会）"：初步了解标志图形底色与形状的含义，能根据标志的特征或用途进行分类；知道标志和人们生活的关系，形成初步的行为规范意识。活动4"规则大家谈（社会）"：由红绿灯引发讨论，大胆表述自己对"规则"的认识和理解；尝试共同制定班级公约，初步建立规则意识。活动5"我来设计标志（综合）"：大胆设想、积极尝试为班级和活动区设计制作标志；会用简笔画的形式，表现规则内容。另外，我们还看到了第一个主题的备选活动1"我的小组（综合）"：在集体讨论、协商中，选取合适的事物为小组命名，并自由组合小组；会根据小组名称，尝试用绘画的方式为小组做标记。

主题二"自信的中国人"有一些关于标志的延伸活动，比如活动1"我的祖国（社会）"：幼儿分组，师幼共同在世界地图上找到中国的地理位置，并做上标记。活动2"首都北京（社会）"：幼儿在地图上找出北京的地理位置，并做上标记。

《3-6岁儿童学习与发展指南》和《幼儿园综合活动课程》等相关内容的学习与梳理，引发了我们更多的思考与实践。

五、第四次微教研在寻根中升华

1. 对幼儿而言是"建立规则，设计标志"。

在这个案例中，教师不是强调样样要有规则，也没有把规则直接给幼儿，而是让幼儿自己感受没有规则的混乱，引导幼儿了解规则及遵守规则的意义，知道有了规则后会给他们的游戏带来更多的便捷。从这个案例中可以看出，幼儿举一反三，学习规则，建立规则，迁移规则。

我们和幼儿、家长一起寻找图书、图片、生活中相关标志，大家解读标志，理解其含义。我们又一起发现问题、解决问题，为班级、幼儿园设计各种适宜的标志，如幼儿后来创设了"螺丝螺帽区规则"：有材料摆放的规则、收拾整理的规则、参与人数的规则、作品陈列的规则等。我们还用图标的方式创作与绘制了生活中的很多标志，如绘制了入园的规则标志：园门口刷卡进来时，要和保安叔叔打招呼，要和爸爸妈妈说再见，刷了卡要快快地走进来等，这些标志有的设计成蓝色背景的指示标志，有的设计成黄色背景的警告标志，还有的设计成红色框加斜杠的禁止标志。

我们发现，一日活动中，当规则内化到幼儿心中后，幼儿自然地就会遵守规则。

2. 对教师而言是"引发思考，改善行为"。

思考一：基于现场如何进行教研。把以前熟视无睹的场景拉到眼前，引导我们教师把日常关注的眼光首先放在幼儿身上，以幼儿的视角，理解幼儿的行为，关注幼儿的活动状态，主动对师幼互动实践中自身的观念与行为进行不断的反思、调整、实践、再反思、再调整、再实践。思考二：基于问题进行的教研。幼儿有自己的前进步伐，有自己实现梦想的方式，我们要从关注幼儿外在行为转为关注幼儿内在的需求，引导幼儿在积极主动想办法解决问题的过程中自我发现、自我成长，而我们在提升自己发现教育契机、及时施教的敏锐度的同时，促使师幼互动逐渐变得深入、有效。

第二节 这里有多少纸管呢——我的数数趣味多

2017年6月5日，有幼儿在给纸管排队的过程中，对有多少纸管产生了兴趣。于是，老师问幼儿："小朋友，你们知道每一个大组摆了多少纸管吗？"有的说16个，有的说100个，还有的说66个……那怎么办呢？幼儿一致同意数一数。

一、大家来数一数

"大家数一数，那怎么数呢？"老师的话刚说完，幼儿纷纷各抒己见。

◆ 图1 ◆ 董圣洁："把大纸管放在一边，先数小纸管，数量用本子记下来，用一支笔把它的样子画下来。再数一数大纸管，把大纸管的模样也画下来，这样就知道有多少了。"

◆ 图2 ◆ 张鑫豪："我们可以把大纸管放一边，小纸管放一边，然后让一些小朋友数大纸管，让另一些小朋友数小纸管。"

◆ 图3 ◆ 王浩："数好后，把它记下来，不要忘记。"

◆ 图4 ◆ 王韬："可以把纸管排队，一个一个来数。"胡胜雅："可以把纸管排成直线来数。"

◆ 图5 ◆ 有的幼儿搬纸管，有的幼儿数纸管。曾好抱来了一些小纸管，放在地上说："你们数一数有多少。"

朱思怡说："先数小的，再数大的。"魏俊熙说："把小纸管排好队，再让两个小朋友数，我数1，他数2。"

老师："纸管那么多，我们怎么知道哪个数过了，哪个没数过？"尤庆玮说："可以在数过的上面做个记号。"

老师："好，今天我们还是按照上次分的8组来玩，也可以两个小组合作，变成4个大组。先去把纸管拿出来，再自己想办法数纸管并记录。"

每组自由选择场地，这是第2、第6组的场地，第2组幼儿把纸管从楼梯洞里搬过来，第6组幼儿在场地上摆放搬出来的纸管。

曾好抱来了一些小纸管，放在地上，说："你们数一数有多少。"

胡胜雅一边拿一边数："1、2、3、4、5……"汪宇杰说："我也来数。"他也一边拿一边数，"1、2……"

◆ 图6 ◆ 霍昊挥着手在指挥："小的放那边，大的放这边。"

◆ 图7 ◆ 霍昊指挥完，就和王子梦摆放大纸管。

纸管越来越多了，大的、小的，胡胜雅和汪宇杰都放弃了数数，将纸管按种类堆放在一起。

◆ 图 8 ◆ 梁君浩拿来一张纸和笔,边递给魏俊熙边说:"我们数数有多少个。"魏俊熙数横放着的中等大小纸管:"1、2、3、4、5……22个"并在纸上写下数字"22"。

◆ 图 9 ◆ 梁君浩数竖放着的大纸管:"1、2、3、4、5、6,有6个,我来写。"他写下数字"6"。霍昊把一个中等大小的纸管插到大纸管里说:"现在又变成7个啦。"梁君浩把"6"改成了"7"。

◆ 图 10 ◆ 有的幼儿在搬运纸管,有的幼儿在记录。

◆ 图 11 ◆ 老是数不清楚,幼儿换了方法,并开始尝试在纸管上记录。

梁君浩记完大纸管又开始数小纸管,数到了31,他刚刚在纸上记录31个小纸管,又有幼儿抱来了一大捆纸管,他着急了:"怎么又来啦,数不清了。"刘畅说:"我们还没搬完,你们就开始写啦?"

没办法,再数一遍吧,梁君浩又重新趴在小纸管上数数,数到了44。徐浩宇说:"有的数过了,有的没数过,搞不清楚了,写数字吧。"说完,他就在小纸管上写数字,在第1根小纸管上写了数字1,在第2根小纸管上写了数字2……曾好觉得这个办法可行,就在中等大小的纸管上也依次写数字,旁边一个幼儿也想写数字,霍昊说:"已经写到14了,你写15,我写16。"

他们趴在中等大小的纸管上写数字,这时已经搞不清楚哪个已写,哪个没写,有的中等大小的纸管上已经写了两次数字。霍昊:"写好的放一边吧,这样太挤了。"幼儿都赞同,他们把写好数字的中等大小的纸管排到一边,以便和还没写数字的中等大小的纸管分开。

◆ 图 12 ◆ 顾闵淏也加入了边数数边在纸管上写数字的行列。他选择了小纸管，把数字 1 写在小纸管中间。

◆ 图 13 ◆ 再把写好数字的小纸管一个一个插到大纸管里。曹宇博指着纸管上端说："顾闵淏，数字要写在这个上面的，你写在下面，数字就看不见了。"

◆ 图 14 ◆ 于是，顾闵淏把数字写到小纸管上端。我问："为什么要写在小纸管的上面？"曹宇博："写在上面看得见，放到大纸管里方便数。"我明白了他的意思，数字写在小纸管上端，容易看得见，而如果写在小纸管中部，当小纸管插到大纸管里时，就看不清数字，这样不方便数纸管。

◆ 图 15 ◆ 于是，幼儿把数字都写到了小纸管上端，并把写好数字的小纸管依次排好队。

　　幼儿不断商量，并调整数数方案。后来，他们把所有纸管重新排好队，然后在纸管一端写数字，写好以后再记录在纸上。整整忙了一个小时十五分钟，他们还是意犹未尽。在这个过程中，有的幼儿把纸管一个一个排好再数，有的幼儿在纸管上标数字来点数……但是有一个幼儿在数大纸管的时候，一会说"数到 14 个"，一会说"数到 13 个"，然后我们数一数却是 15 个。那为什么会出现这样的情况呢？怎样才能把纸管数量数得又快又准确呢？

二、大家来说一说

　　6 月 7 日上午，又到了草莓班纸管区游戏时间。在游戏前，我们先组织幼儿回看了 6 月 5 日各组统计纸管的活动视频，又交流了各组的统计结果，并讨论如何把纸管统计得又快又准确。

◆图 16 ◆ 第 1 大组由董圣洁分享:"我们统计的最大的纸管是 8 个,小的是 80 个,中等大小的是 12 个,比小的还小一点点的只有 3 个。"

◆图 17 ◆ 第 3 大组由顾闵淏分享:"我们先数的小纸管,小纸管有 35 个,大纸管有 9 个,中等大小的纸管有 13 个。"

第 2 大组由胡胜雅分享:"我们数的大纸管有 18 个,中等大小的纸管有 22 个,小纸管有 51 个。"

◆图 18 ◆ 第 4 大组由朱思怡分享:"小纸管有 24 个,中等大小的纸管有 48 个,大纸管有 44 个。"

各组分享后,老师问幼儿:"你们知道纸管有多少种类型吗?"

刘畅说:"有大的、有小的,还有长长的。"

董圣洁说:"我们统计的有最大的,小的,中等大小的,比小的还小一点点的,一共有 4 种类型。"

老师说:"刚才董圣洁那一组把纸管分了 4 种类型,有的组分的是 3 种类型,那到底有几种类型,要怎样才能把它分得很清楚呢?待会我们再去试一试。"

三、大家再来数一数

◆ 图 19 ◆ 幼儿蹦着跳着来到场地上,各组讨论分工后,开始活动。

先来观察第三大组幼儿的活动情况。曾好从楼梯洞抱了一捆小纸管,放到北面场地上,他和王浩一起,一边排纸管一边数:1、2、3……

◆ 图 20 ◆ 霍昊搬来了几根中等大小的纸管,说:"我们把小纸管往那边(西边)排,中等大小的纸管往这边(东边)排。"排了一些后,梁君浩继续到仓库拿纸管。

◆ 图 21 ◆ 曾好和霍昊一开始都在小纸管上写数字,曾好说:"霍昊,这个我写过啦。我也写,你也写,又搞不清楚了。"霍昊说:"那我写中等大小的吧!"于是他就开始在中等大小的纸管上写数字。

第二章 纸管区

◆ 图22 ◆ 梁君浩和其他幼儿又搬来了很多中等大小的纸管。霍昊放下笔说:"这是什么啊,一会来,一会来的,数不清楚。"霍昊又说:"把纸管都拿过来,我们先把它排好队,然后再写数字。"

◆ 图23 ◆ 霍昊开始整理纸管,他把纸管逐一作比较,一头对齐,从长到短排好,排得非常仔细。全部排得整整齐齐了,霍昊开始在中等大小的纸管顶部写数字。

◆ 图24 ◆ 霍昊在中等大小的纸管上写好数字,又去整理小纸管。

◆ 图25 ◆ 王浩这边的大纸管也完成了排队和点数。

◆ 图26 ◆ 王浩和曹宇博排小纸管。小纸管排了一长条,王浩和曹宇博在纸管的两边一起数,数好一个,就移到后面。

◆ 图27 ◆ 王子悦和尤庆玮排中等大小的纸管。

有图有真相：
一个幼儿园园长的微教研

◆ 图 28 ◆ 全部数好后，就在纸上做好记录。

◆ 图 29 ◆ 他们将结果用图片和数字相结合的方法记录在纸上。

◆ 图 30 ◆ 两种小纸管都排好后，顾闵淏和尤庆玮又调整大纸管的位置。尤庆玮说可以按照从高到矮的方法来排，把高的排在后面，矮的排在前面，这样就看得很清楚。

◆ 图 31 ◆ 全部排好后，幼儿按照纸管排列的队形，很快就数出了纸管一共有 6 种类型。

◆ 图 32 ◆ 最后，大家分工各数一种类型纸管的个数，统计结果由尤庆玮用图加数字的方法记录在纸上，并且在纸的左上角写上 3 和 7，表示他们是第 3 小组和第 7 小组合成的 37 大组。

◆ 图 33 ◆ 第 1 大组也是先排小纸管和中等大小的纸管，小纸管竖着排，中等大小的纸管横着排，并且在两种纸管的中间用一根更长的纸管隔开。

第二章
纸管区

◆ 图 34 ◆ 还有中等大小的纸管在运过来,张鑫豪就把后运来的放在了第 2 层。

◆ 图 35 ◆ 他们把所有的大纸管排在一起,数不清楚了,张鑫豪和尤浩博爬到攀爬架上去数。两人发现了问题,大纸管也有好几种,有的高,有的矮,现在都乱放在一起。老师介入:"你们发现了问题,要怎样解决呢?"尤浩博说要把有的大纸管移一下,将一样的大纸管排在一起。

◆ 图 36 ◆ 幼儿重新调整,将大纸管靠墙排好,一样高的排一起,这样就看得很清楚。

◆ 图 37 ◆ 其他纸管也重新排了队。

◆ 图 38 ◆ 排好后,大家分工点数,再由董圣洁记录,他们组的纸管有 8 种类型。

四、我们梳理问题

1. 问题一：纸管的分类。

梳理第一大组的问题：第一大组由于重新调整大纸管的摆放位置，所以用了很长时间。

老师问："今天出现了什么问题，为什么会这样？"

王浩宁说："我们没商量好放哪里，把纸管一会放这里，一会放那里。"

尤浩博说："一直把纸管放来放去。"

霍征说："我还没帮上忙呢。"

张鑫豪说："我们没有按照开始商量好的方法，把一样的纸管放在一起。"

老师说："你们是不是没有考虑到纸管的种类？"

幼儿都认同。

◆图39◆ 请幼儿观察霍昊怎么排列纸管的。

分享交流的时候，老师组织幼儿回看了各组的活动视频，我们以第二大组为例。

老师："大家看霍昊是怎么排纸管的，请他来介绍一下他的好方法。"

霍昊说："我是把两种纸管从中间往两边排，小的朝这边（西边），大的朝那边（东边），这样就可以分类了。"

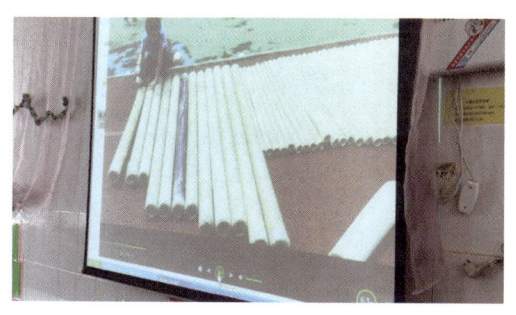
◆ 图40 ◆ 老师:"看看现在霍昊在做什么事情?"

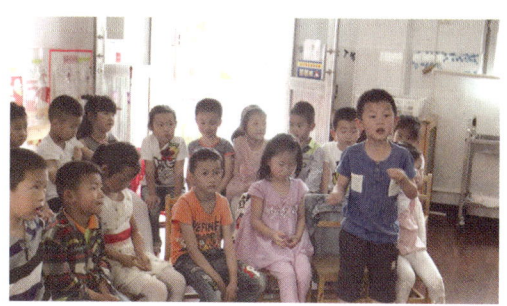
◆ 图41 ◆ 幼儿自由发言后,霍昊表达想法。

2. 问题二：纸管的比较。

老师:"看看现在霍昊在做一件什么事情?"

幼儿猜想并表述后,霍昊:"我要帮这个纸管找到放的地方,我先到前面比一下,再到后面比一下是不是一样的,把一样的放在一起。"

老师:"原来霍昊是用比较的方法来帮纸管找到它摆放的地方的。"

陈佳怡:"他把纸管的一头排整齐,就像一条直线一样。然后就能看出有的纸管长,有的纸管短。"

老师:"是的,把纸管的一头对齐了,从纸管的另一头就能看出长短了。今天霍昊一直很认真地在做这件事情,我们看看他排的纸管是什么样的?能看出有几种纸管吗?"

汪浩宁:"他排得很整齐,能看出来有4种纸管。"

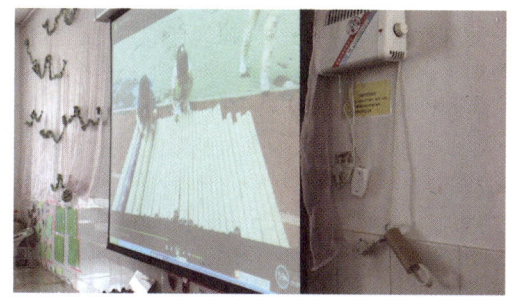
◆ 图42 ◆ 幼儿观看在纸管上写数字的视频。

◆ 图43 ◆ 又观看了第2大组排大纸管的视频。

3. 问题三：纸管的记录。

幼儿观看了在纸管上写数字的视频。张鑫豪有想法要表达:"必须全部拿过来了再写,否则的话,一直要重新写,会浪费时间。"大家都赞同他的想法。

4. 问题四：纸管的记数。

老师又问:"纸管排好后,除了写数字一个一个做标记,还可以用怎样的办法又快又好地数清楚？"

有的说可以一个一个点；有的说可以5个5个地数；还有的说小纸管可以5个5个地数，中等大小的纸管和大纸管只能2个2个地数，因为纸管的数量不多。

5. 问题五：纸管的排列。

老师："今天霍昊的小纸管排得非常好。我们再来看看王浩这边的大纸管排得怎么样了。"

幼儿都说没有排整齐，看不清楚。

于是老师请志愿者重新到操场帮第2大组的大纸管排队。

◆ 图44 ◆ 来到场地上，幼儿行动起来。刘畅和左兴航把矮的大纸管都移到了一排。左兴航又去搬了另外一种大纸管，他说："我先比一比，如果不一样再重新来。"

◆ 图45 ◆ 左兴航发现地上有直线，又把大纸管移到直线这里。纸管移过来后他还用手比画一下，看看是不是一样高。

◆ 图46 ◆ 左兴航想把这个纸管排进大纸管行列，徐浩宇指着纸管的圆圈说："一样的窟窿（应该是纸管直径的大小一样）放在一起，不一样的不能放在一起。"原来他已经关注到大纸管还有好几种类型，可以根据高矮和粗细两个特征再次分类。

◆ 图47 ◆ 左兴航和霍昊在移动中间的矮纸管，霍昊说："这边两个没对齐，移到那边去。"

◆ 图48 ◆ 纸管快排好了，徐浩宇开心地说："怎么感觉是从大到小排的呢？"

◆ 图49 ◆ 排好后，幼儿自己选择数哪种纸管，统计个数，并报给曾好，由曾好统一记录在纸上。

◆ 图50 ◆ 这就是第2大组的最新成果。

◆ 图51 ◆ 幼儿做了详细记录。

6月8日早晨，老师问幼儿今天想怎样玩纸管，他们居然异口同声地说："帮纸管排队。"既然幼儿还有兴趣，老师就顺应幼儿的内心需求，又把他们带到了场地上。

幼儿默认了以前的方式，还是分成4个大组，每组的场地也不变。

◆ 图52 ◆ 大纸管是主角，小纸管排在旁边。

◆ 图53 ◆ 很快，小纸管被从旁边调整到了前面。

第3大组没有拿中等大小的纸管,他们将运出的大纸管按从高到矮的顺序往前排,小纸管或横或竖地排在旁边。排好后,胡胜雅说:"我们可以拍照了。"徐浩宇笑着走过来说:"老师,这好像是我们拍照的舞台哦。"于是,幼儿都往上面爬。

曾好没爬上去,她站在下面对着大家说:"这个小纸管排在旁边不好看,我们把它们排在前面吧。"

◆ 图 54 ◆ 老师问:"为什么这次小纸管没有对齐,排成了斜的呢?"曾好说:"因为这是一条路。"哦,原来这是一条通往舞台的路啊。

◆ 图 55 ◆ 完美,来张合影吧!大家摆好姿势,咔嚓!

◆ 图 56 ◆ 第 2 大组有中等大小的纸管,没有小纸管,他们的排列也是一目了然。

◆ 图 57 ◆ 幼儿也来了张完美合影。

◆ 图 58 ◆ 第 1 大组,有小纸管、中等大小的纸管和大纸管。

◆ 图 59 ◆ 第 4 大组,好有创意,幼儿说:"连上后面的两根门柱,这是结婚时的红地毯舞台哦。"

6月8日中午,老师组织幼儿回看上午给纸管排队的视频,先看了第3大组的。

第3大组的组长是顾闵淏,他分享了自己的分工秘诀:"我是这样分的,分成两组,一组去搬纸管,一组在这里排纸管。排纸管的小朋友再分工,谁排小纸管,谁排大纸管。"

视频播放到一半,老师提问:"谁来说一说一开始他们的纸管是怎么排队的。"

朱思怡说:"他们排成了3排,第1排是矮矮的、胖胖的;第2排是高高的、瘦瘦的;第3排是中等胖胖的。"

张鑫豪说:"他们是前面排矮矮胖胖的,中间排高高的,后面排矮矮的。"

老师:"你觉得他们排得怎么样?"

◆ 图60 ◆ 张鑫豪走到大屏前指着图说:"我觉得可以把最后一个放到中间,因为这个比中间的矮,这样就从矮到高排了。"

◆ 图61 ◆ 老师:"现在看来,他们在做什么?"顾闵淏:"我在把高的往后面排。"老师:"为什么要这样移动。"顾闵淏:"因为这个高,后面胖胖的就看不到了。"

老师:"这样排跟刚才谁的方法是一样的?"

张鑫豪:"跟我的方法是一样的,从矮到高排的。"

老师:"顾闵淏和张鑫豪想的办法是一样的,从矮到高排,这样会更整齐,看得更清楚。"

老师小结:"第3大组在活动开始前,组长顾闵淏就把大家都分好工,所以他们组都知道自己要做的事情是什么,谁去搬纸管,谁去排纸管。排纸管的人也分好工,谁排小纸管,谁排大纸管。在整个过程中,他们的合作也非常好,一起搬纸管、一起抬纸管、一起排纸管,每个小朋友都在很认真地完成自己的任务。纸管按照从矮到高的顺序排列,排得很整齐。"

◆ 图 62 ◆ 接着，其他组也分享了，他们都说了好在哪里，还可以怎么改进。

老师小结："小朋友想出了纸管排队的很多种方法，有按纸管圈圈的大小排队的，有按纸管高矮排队的，还有既按纸管圈圈大小、又按纸管高矮排队的；有将纸管排成舞台的，有将纸管排成小路的，还有将纸管排成竹筏的……"

3 次纸管排队活动，幼儿每一次都用了不一样的方法，每一次的交流都给了我们很大的惊喜，他们既能发现各组的优点，又能提出更好的改进方法。

6 月 9 日上午，纸管排队、数数的故事又有了新进展，幼儿又开始将横着放的纸管排队，而且开始用 2 个一数、5 个一数的方式数数、记录。

◆ 图 63 ◆ 给横着放的纸管排队、数数。

◆ 图 64 ◆ 现在我们的纸管可是这样横着排的，每一种有多少，一目了然。

五、大家有感悟

1. 在游戏中捕捉有价值的话题。

这个微教研案例是幼儿在看似平常的活动中，自发生成学习活动。教师基本没参与，只组织幼儿发现问题并讨论问题。但在这一系列活动中，班级两位老师一直在观察、分析幼儿的活动，他们始终结合《3—6 岁儿童学习与发展指南》进行微教研。

我们感悟到，由纸管生发的学习活动是非常有价值的，这也说明了幼儿的学习并不一定只发生在集体活动中。如果在游戏中能够捕捉有价值、有意义的话题，幼儿的学习会变得更加主动、更有意义，因为这个教具是鲜活的，这个学习场景是生动的。例如平时的数学活动，要让幼儿点数，需要投放很多材料，人手一份，或每组一份，但很难达到预期的效果，因为那都是老师给的，幼儿不一定感兴趣。而看似跟数学活动没关系的取放纸管活动，当引发了"这么多纸管到底有多少个"的话题以后，幼儿自然而然就生成了关于计数的学习活动。如何能又快捷又准确地把这些纸管数出来，他们用了自己的方法，于是有了按大小、长短、粗细分类的活动，有了各种排序活动。幼儿学到了多种快速数数的妙招，更学会了表征记录。这个学习活动是自主的，开放的，多元的，更是有价值的。

2. 在活动中融合《3-6岁儿童学习与发展指南》的精神。

如果说，一开始我们的纸管活动是散状的，那么，当我们有了课程观，有了整合意识，有了对《3-6岁儿童学习与发展指南》深入理解，我们的每一次活动就都可以跟幼儿自发生成的内容相结合，都可以借用幼儿平时积累的经验而生成。

比如纸管作为学习要素，可以融合健康活动、社会活动和数学活动。我们以数学活动为例：幼儿除了用记录的方法数数以外，还可以探索出2个一堆、5个一堆和10个一堆的计数方法，这就是按群计数的学习活动（见图65、66、67）；幼儿可以建构10根纸管以内分成、加减法的学习；幼儿可以观察并表述纸管的特征，用数字、符号记录纸管的数量，用记录表、统计图表示简单的数量关系；幼儿可以用合适的方法做标记，记录纸管排列的方式，正确计数纸管的排数；幼儿可以比较纸管的粗细，给7种以上的纸管进行排序（见图68）；幼儿可以用纸管尝试设计排列规律；幼儿可以用纸管拼搭物体的造型……

我们还可以把幼儿玩纸管的过程跟主题整合，跟其年龄段所需要的学习内容整合，这样会变得更有价值和意义。

◆图65◆ 2个一数的方法计数。

◆图66◆ 5个一数的方法计数。

◆ 图 67 ◆ 10 个一数的方法计数。

◆ 图 68 ◆ 给 7 种以上的纸管排序。

第三节　纸管到底有多长——我会这样来测量

幼儿非常喜欢玩纸管，有一天，老师问幼儿："我们已经知道纸管有多少，那对于纸管，小朋友还想知道什么呢？"幼儿说想知道纸管有多长。怎样才能知道纸管有多长呢？我们的微教研之旅又开始了。

一、从量纸管开始

怎样才能知道纸管有多长呢？老师让幼儿自己想办法。幼儿说先从细纸管开始，于是他们自己动手测量起来。

◆ 图 1 ◆ 曾好拿记号笔量小纸管，发现纸管有 7 个记号笔那么长。

◆ 图 2 ◆ 王子悦也是用笔量的，一支笔量到哪里就用大拇指摁到哪里，然后在大拇指摁的地方画一条线。老师："你量的时候为什么要用大拇指摁住，然后再画一条线？"王子悦："因为不摁住就不知道笔量到哪里了。"

老师:"怎么让人一看就知道这根纸管有 7 个记号笔长呢?"

曾好:"在这根纸管上写个 7。"

魏俊熙:"再画个记号笔。"

老师:"除了用记号笔量,还可以用什么量?"

魏俊熙:"还可以用手量。"

梁君浩:"还可以用纸量。"

老师:"好,那你们用自己的方法去量一量纸管有多长,然后记录下来。"

◆ 图 3 ◆ 汪宇杰也在用记号笔量,做记号的时候都空了一小格。量好后汪宇杰说有 8 米长。老师:"是 8 米长呢,还是 8 个记号笔长?"汪宇杰:"8 个记号笔长。"

◆ 图 4 ◆ 梁君浩在用纸量纸管的长度,他把纸平放在纸管上,用笔画线做记号。量完后总共有 7 张纸长,他在纸管的一头画了一张纸,并写上数字"7"。

◆ 图 5 ◆ 任艺馨:"我是这样用纸量的,量出来是 9,跟他们不一样。"(她的纸是横着放的)

◆ 图 6 ◆ 尤浩博又用轮胎量了量，纸管有 2 个轮胎那么长。

◆ 图 7 ◆ 王子梦："我也是用轮胎量的，纸管有 2 个轮胎那么长。"

◆ 图 8 ◆ 王韬是用食指一下一下点着量的，纸管有 55 个手指那么长。

◆ 图 9 ◆ 魏俊熙是用手的虎口量的，每量一下都用左手食指按好。老师："为什么要用手按一下？"魏俊熙："因为按好了就知道手量到这里了，还可以用笔画一下。"老师："有多长？"魏俊熙："9 个手的虎口那样长。"

◆ 图 10 ◆ 严可安用大拇指和食指间的虎口量，他找来一支笔，在手指处画线做记号，并写上数字，一共有 8 个虎口长。

◆ 图 11 ◆ 魏俊熙把大拇指和食指作为支点转来转去量着，有 9 个虎口那么长，他记录在纸管上，并画了一个张开的大拇指和食指，旁边写了一个数字"9"。

◆ 图 12 ◆ 张佳悦用两个食指交替着量,数到了 92。

◆ 图 13 ◆ 刘畅和霍昊合作量纸管,刘畅两手分开保持距离,一段一段地量,霍昊画线做记号。

◆ 图 14 ◆ 周月豪说纸管有 17 米,是用手量的。他用食指和中指从下往上走,一边走一边数 1、2、3、4……17。

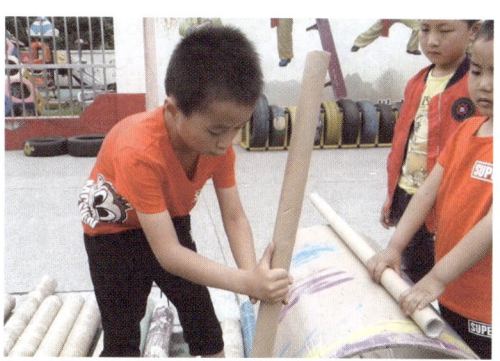

◆ 图 15 ◆ 朱永康:"用右手的大拇指量,并用左手抓着右手的下面。"老师:"为什么要用左手握着?"朱永康:"因为握着就知道手量到哪里了。"老师:"一共有多长?"朱永康:"10 个手指长。"

◆ 图 16 ◆ 胡胜雅用右手握住纸管量,每量一次用左手手指按住,右手握了 13 次。

◆ 图 17 ◆ 张鑫豪用大拇指和食指间的虎口量,一虎口一虎口地量。

◆ 图 18 ◆ 张鑫豪又在纸管上写了数字,他说:"我像量身高一样量的,量到了 26。"

◆ 图 19 ◆ 尤浩博用两只脚并拢了量,好像没量出什么结果。

◆ 图 20 ◆ 他又改用一只脚竖着量,量出了纸管有 5 只脚那么长。

◆ 图 21 ◆ 曹宇博:"用脚量,量到了 6 个脚那样长。"老师:"用脚量了之后为什么要做个记号?"曹宇博:"因为不做记号就不知道量到哪里了。"

◆ 图 22 ◆ 顾闵淏、董圣洁就地取材,用遮挡下水道的水泥板量,一边量一边说:"好巧,刚好两块砖(水泥板)那么长。"

◆ 图 23 ◆ 顾闵淏和董圣洁又来到攀登架旁,借助攀登架的阶梯量纸管,边量边做好记录。

第二章 纸管区

◆ 图 24 ◆ 瞧，休息处的平衡木也能帮助幼儿进行测量。

◆ 图 25 ◆ 邓雨萱把小纸管放在跑道的线上，再在线上做了记号。

◆ 图 26 ◆ 尤庆玮："我是用这个树叶来量的，纸管有 12 个树叶长。"

◆ 图 27 ◆ 朱永康用短纸管量长纸管，量出了长纸管有 3 个短纸管那么长。

◆ 图 28 ◆ 尤庆玮用海苔量，纸管有 19 个海苔长。

◆ 图 29 ◆ 王子悦："小纸管跟我的手臂一模一样长。"顾闵淏："纸管长到我脖子这里。"

◆ 图 30 ◆ 朱思怡用身高器量小纸管的长度，她在点身高器上的刻度，点到 358。

◆ 图 31 ◆ 幼儿把刚才量的都记录在纸上，并在班上和其他幼儿分享。

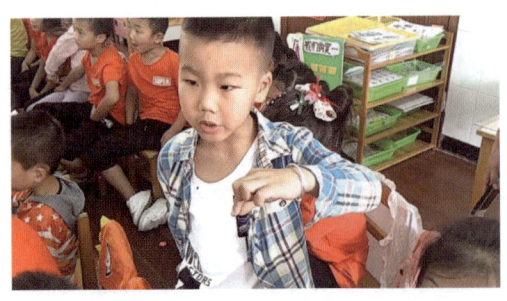

◆ 图 32 ◆ 严可安在分享,他用手比画着说:"这样量会很多的,有 86 个。"

◆ 图 33 ◆ 他又用手比画着虎口说:"这样量是 38 个。"

小结的时候,幼儿归纳了测量的方法。还特别提出,同样长的纸管,可以用不同的东西来测量。幼儿天生就是学习者,在测量过程中我们深深感受到了这一点。尤为珍贵的是幼儿的主动学习精神。我们也提醒自己,要营造氛围,搭建平台,同时适当退位,给幼儿更多自主探索、自主建构、自主学习的机会。

二、用纸管测量其他物品

幼儿对测量产生了浓厚的兴趣,他们开始用纸管测量围墙、跑道、墙壁上贴的阳湖拳图片……他们有了很多发现,比如发现所有的阳湖拳图片一样长。

1. 测量墙壁。

老师:"你们用纸管量了很多东西,掌握了测量的本领,现在看看我们这个游戏室,它有几面墙,哪一面墙最长呢?"

◆ 图 34 ◆ 魏俊熙手臂打开指着东西两面墙。

◆ 图 35 ◆ 魏俊熙和张鑫豪一起用身体量北面墙。

魏俊熙手臂打开指着东西两面墙:"这两面一样长。"又指着南北两面墙:"这两面也一样长。"

老师:"为什么?你怎么知道的?"

魏俊熙:"我去朋友家,那边的墙也是这样的,两边就是一样的长度。"

老师:"你有没有量过?"

魏俊熙:"量过好几次。"

老师:"你是怎么量的?"

魏俊熙:"是跟我姐姐用自己的身体量的。"

老师:"哦,用身体量的,你试给我看看。"

魏俊熙和张鑫豪一起用身体先量北面墙(幼儿说这是有门的墙)的长度,两人并排从墙的一头开始轮流转移身体,一直到墙的另一头。魏俊熙每移动一次就点一下:1、2……10,而张鑫豪不点。

老师:"为什么只要一个人点?"

张鑫豪:"因为两个人点会分不清的。"

老师:"刚才量的是有门的墙,点到了10,是移动了10次。到南面(幼儿说这是有窗户的墙)去试试看,两面墙是不是一样长?"

魏俊熙:"我知道,也是10,因为这一面是10,那一面就也是10。"

老师:"真的吗?试给我看看好吗?"

◆ 图36 ◆ 两人开始量南面墙,跟刚才一样,也是量到了10。

◆ 图37 ◆ 老师指着东面和南面的墙:"那这一面长,还是那一面长?"两人决定再用身体来量东面墙(孩子说这是有灭菌灯的墙)。

◆ 图38 ◆ 还是跟第一次一样，魏俊熙每移动一次点一下，1、2……13，点到13。老师："哪面墙长？哪一面短？长多少？"

◆ 图39 ◆ 两人指着东面的墙说："有灭菌灯的墙长，长了3。"魏俊熙指着西面的墙："我知道，那一面也是13。"

老师："为什么你们两个要紧挨着，而且魏俊熙移动的时候，张鑫豪不动？"

魏俊熙："我转的时候，他一动，就乱了，测量就不准了。"

老师："张鑫豪你说说呢？"

张鑫豪："一个人动，另一个人不能动的，动了就不知道量到哪里了。"

老师："哦，我明白了，原来量的时候，身体要一个接一个，中间不能空开，空开就不准了，谢谢你们告诉我哦。"

老师："我还有一个问题，除了可以用身体量，还可以用什么来量？"

朱永康："用管子来量。"

老师："好，你来试试。"

◆ 图40 ◆ 魏俊熙画的记录图。他说图上两个短头发的人，是他和张鑫豪，教室里有空调有门。写的"大13"，表示有灭菌灯的那面墙和对面的墙是长13；写的"小10"，表示有门的那面墙和对面的墙是10。还有一个长头发的是谁？魏俊熙说："长发的是拍照的老师啊。"

◆ 图41 ◆ 朱永康和张鑫豪各拿一个长纸管来量，先量北面的墙，张鑫豪量一下，不动；轮到朱永康量一下，也不动；而后张鑫豪再过来量一下，以此方式继续下去……

◆ 图42 ◆ 量到5，最后缺了一点，他们就拿了2个短纸管和2个养乐多瓶放在终点处。老师："一共用了几种材料，每种用了几个？"张鑫豪："5个长纸管＋2个短纸管＋2个养乐多瓶。"

◆图43◆ 张鑫豪和朱永康又用同样的方法量东面墙，用了8根长纸管、2根短纸管、4个养乐多瓶。

◆图44◆ 张鑫豪和朱永康记录了两面墙用的材料种类和个数。

2. 交流发现。

老师问："为什么要用3种材料测量，一会用长纸管，一会用短纸管，一会用养乐多瓶？"

朱永康着急地说："因为长纸管不够了。"

老师："什么东西不够了？"

朱永康："墙不够了，长纸管放不下了。"

这时我们明白，因为最后无法用长纸管刚好量完整面墙，所以幼儿就用了短纸管量；当短纸管也放不下后，又用了养乐多瓶量。

小结：张鑫浩和朱永康量北面墙用了5个长纸管、2个短纸管、2个养乐多瓶；量东面墙用了8个长纸管、2个短纸管、4个养乐多瓶，我们老师能够看出，因为短纸管都用了2个，东面墙用的长纸管比南面墙多3个，养乐多瓶多用了2个，所以东面的墙最长。幼儿是怎么想的呢？他们看得出来吗？

老师又问："谁来说说哪面墙长，你的理由是什么？"

张鑫豪说："有灭菌灯的墙长，因为长纸管用了8个，有门的墙才用了5个。"

老师："短纸管哪面墙用得多？"

朱永康："一样多。"

老师："养乐多瓶呢？"

张鑫豪："养乐多瓶是有灭菌灯的墙用得多。"

老师："其他小朋友来说说哪面墙长。"

王韬说："有灭菌灯的墙长，因为用的长纸管比其他墙多3个，短纸管一样多，养乐多瓶比其他墙多2个。"

以前在数学活动"比一比，算一算"中，幼儿探索过按照不同属性来比较物体的数量,所以在老师提问后,他们一下子就找到了关键点:短纸管用的一样多,那么量东面墙时,长纸管用得多,养乐多瓶也用得多,肯定东面墙就长,这就是幼儿推理能力的表现。

幼儿表述的理由说明他们对自然测量材料有了不一样的认识,这时老师再引导幼儿:"要准确测量长短,如果我们用同一种一样长的(相同单位)材料,就能够看得更清楚。"

 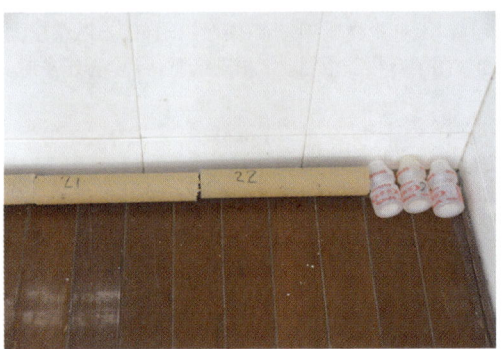

◆图45◆ 尤庆玮量北面墙的时候,用一样的短纸管一个接一个排在地上,最后还加了3个酸奶瓶。

◆图46◆ 排好后,她在纸管上写下数字,从1到22。因为还没到终点,她受前面小朋友的启发,加放了3个酸奶瓶。

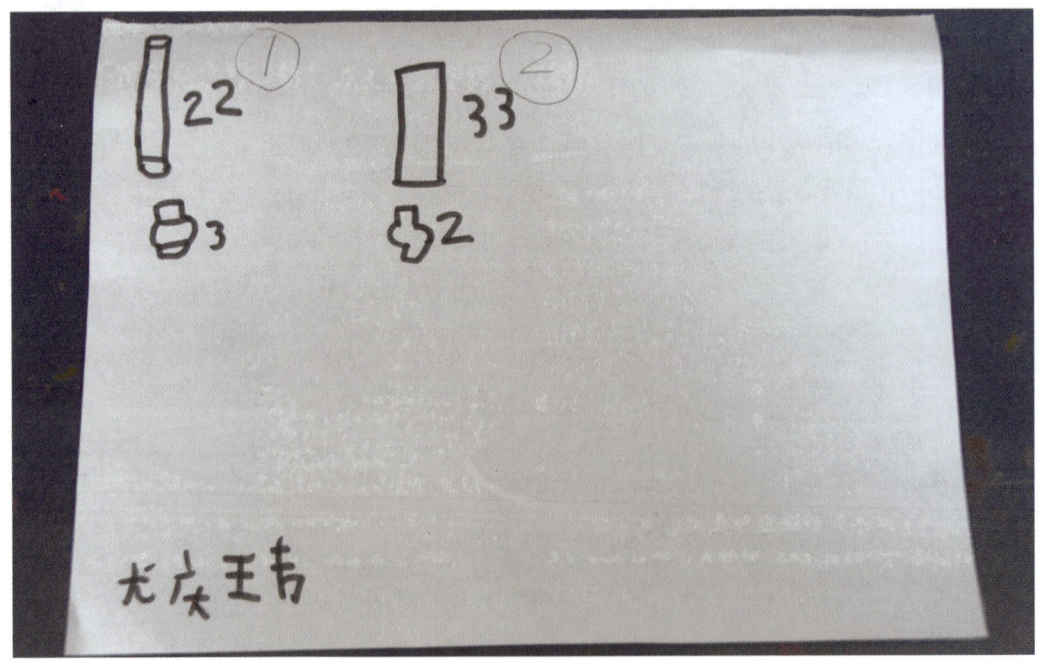

◆图47◆ 尤庆玮用同样的方法量东面墙,写下数字33,加放了2个酸奶瓶。

老师:"你用什么量的,哪面墙长,你的理由是什么?"

尤庆玮:"我用短纸管量的,有灭菌灯的墙长,因为用了33个,有门的墙用了22个。"

霍征:"养乐多瓶都是用了2个,有灭菌灯的墙用了33个短纸管,有门的墙用了22个短纸管,多11个呢。"

老师:"哪面墙长?"

霍征:"有灭菌灯的墙长。"

老师:"谢谢小朋友用测量的方式,让我知道了有灭菌灯的墙长,有门的墙短。现在,我还有一个问题,这个有门的墙,刚才有的小朋友用身体量,得出长度是10;有的小朋友用长纸管量,得出有5个长纸管、2个短纸管、2个养乐多瓶那么长;还有的小朋友是用短纸管量的,得出有22个短纸管、2个养乐多瓶那么长……为什么你们去量同一面墙,得到的测量数字是不一样的呢?"

幼儿纷纷述说着自己的理由,他们发现用的测量工具不一样,一会用长纸管,一会用短纸管,一会又用了养乐多瓶。

老师再次引导幼儿:要比较两面墙哪面长,必须要用同一种工具测量。

三、用尺子量纸管

怎样才能用同一种工具测量纸管呢?幼儿的兴趣又被激发起来。

◆ 图48 ◆ 张家浩用小纸管做了一把尺子,纸管尺子上有数字,从上往下写分别写着1、2、3……他拿纸管尺子在量桶的高度。

◆ 图49 ◆ 张家浩又去量大纸管的高度,这个正好在数字2那里,他说"2米"。

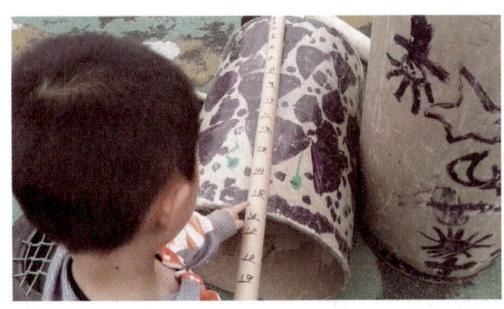

◆ 图 50 ◆ 这个大纸管在数字 16 那里,他说纸管长"16 米"。

◆ 图 51 ◆ 这个大纸管到数字 6,他说"6 米"。可以看出,他对尺子有一定认识,但并不十分清楚。

1. 我们见过的尺子。

老师:"你们有没有见过尺子,你见过的尺子是什么样的?在哪里见过尺子?"

◆ 图 52 ◆ 何子舒:"我在家里见过尺子,是我爸爸工具箱里的尺子。"

◆ 图 53 ◆ 施雨彤:"在街上看见过。卖鞋子的、画画的店里,有大的、小的和中等大小的。"接着又说:"我见过可以打开的尺子。"

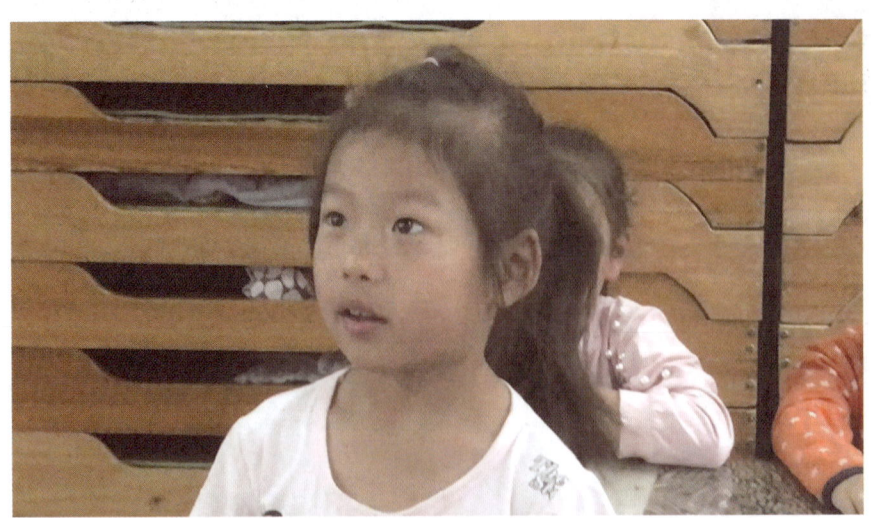

◆ 图 54 ◆ 霍征:"我在电视里看见小头爸爸拿着尺子画房子。"

霍昊:"我看见我爸爸功能室里边的桌子后面有一个很长的尺子。"

张家浩:"铅笔盒里有尺子。"

董圣洁:"我爸爸厂里有很长的、长方形的尺子,上面还有很多数字,一直到100那个数字。"

任艺馨:"爸爸工作时候的尺子,一拉尺子就伸出来了。"

朱思怡:"我见过我姐姐做作业的时候用过尺子。"

尤庆玮:"我爸爸给客户量柜子的时候要用到尺子。"

原来幼儿对于尺子是有所了解、有所关注的。

老师:"那你们知道尺子上还有什么吗?"

尤浩博:"尺子上有条纹,条纹旁边是数字,有些条纹是长的有些条纹是短的。"

蒋浩楠:"我家的尺子上有12。"

胡胜雅:"有很多形状的尺子,半圆形、三角形、长方形。"

刘畅:"我爸爸的尺子上有用黑笔写的数字和条纹。"

王韬:"我看到尺子上有数字100。"

尤庆玮:"手机形状的尺子,有显示号码的。"

黄金涛:"我姐姐有各种各样的尺子。"

老师:"小朋友见过这么多尺子,可真厉害,你们说的很多尺子,老师都没见过,你们能不能把见过的尺子画下来?"

◆ 图55 ◆ 幼儿绘画尺子。

◆ 图56 ◆ 朱施诗画的是三角形的尺子,左兴航(男)画的是长尺子。

于是,幼儿纷纷拿起了笔画尺子,有的选择在平时画画的纸上画尺子,有的选择在长条形纸上画尺子,还有的幼儿选择用纸管画尺子。

王浩:"我画了3种形状的尺子。第一个是半圆形的尺子,可以量半圆形的东西,我在街上卖尺子的地方看到过。第二个是三角形的尺子,可以量三角形的东西,是在我奶奶柜子里看到的。第三个是长方形的尺子,是我家里的。"

◆ 图 57 ◆ 王浩宁选择的是长条纸。

◆ 图 58 ◆ 郭智慧也选择了长条纸。

老师问王浩宁："你画了几条线后再在后面写数字的？"

王浩宁："画了 4 条线后接着写数字的。"

老师："为什么画了 4 条线后写数字呢？"

王浩宁："因为我在我爸爸厂里的尺子上看到过的。"

郭智慧："我姐姐有很长的尺子。"

老师："你尺子上的线条是一样长的吗？"

郭智慧："不一样长，都是一条长的，一条短的，一条长的，一条短的……"

老师："为什么是这样子的？"

郭智慧："是为了好看。"

何子舒画了妈妈帮她量身高的尺子和量体温的尺子。

◆ 图 59 ◆ 张家浩在纸管上写数字，把纸管当作尺子。

◆ 图 60 ◆ 尤庆玮画了很多尺子。

张家浩在纸管上写数字，把纸管当作尺子，今天他是从纸管的下面开始往上写，画一条线，写一个数字。我问他"为什么数字从下面往上写"，他头也不抬地回答："尺子本来就是这样的。"在图 48，张家浩第一次画尺子时，数字是从上往下的，所以量纸管时，高的纸管反而短，矮的纸管反而长。而此刻，他写的数字是从下往上写的，他是什么时候领悟的呢?

尤庆玮:"我见过很多尺子,有哥哥姐姐的,还有大人的。黄色的是大人用的,可以拉出来,用来量量柜子要做多高。紫色的也是大人用的,按按钮就知道那个地方有多长,那个上面会显示号码,这个长度是20。"

老师:"黄色的尺子怎么用?"

尤庆玮:"量好了,这个一摁,尺子自己会卷过去。"

◆ 图61 ◆ 尤庆玮介绍各种尺子。

◆ 图62 ◆ 朱思怡介绍自己的尺子。

老师:"紫色的尺子怎么用呢?"

尤庆玮:"这个一摁,就会有号码出来。"

蒋老师:"还有这样的尺子啊。"

吴老师:"这是建筑上用的,这样一照就有数字出来的。"

蒋老师:"你爸爸是做什么的?"

尤庆玮:"我爸爸是做橱柜、衣柜的呀。"

老师:"你这个尺子可以怎么用?"

朱思怡:"就是可以量我的桌子。"

◆ 图63 ◆ 董圣洁用自己画的尺子给好朋友量手臂的长度,量到了31。

◆ 图64 ◆ 施雨彤画了两种尺子,她说一种是量身高的,一种是量床的高度的。

老师:"你的尺子中间怎么有一个圆形啊?"

施雨彤:"尺子可以收到圆形里边,我去陈佳夷家里时见过这样的尺子。"

◆ 图65 ◆ 徐浩宇:"我的尺子从下面往上数。"

◆ 图66 ◆ 霍昊介绍自己尺子上的线为什么一根长,一根短。

徐浩宇:"我的尺子从下面数,1、2、3……"

老师:"为什么1要在下面?"

徐浩宇:"因为从下面开始数的啊!"

他用自己的尺子测量了柜子、椅子和小白桶,长度分别为20、18和6。

老师:"为什么那个线要一根长一点,一根短一点?"

霍昊:"因为我看见我爸爸工作时用的尺子就是这样的。"

◆ 图67 ◆ 张鑫豪和顾闵淏用张鑫豪做的纸管尺子量桌子的高度,高28;他们又去量玩具柜,高38;餐车高32;小椅子高27。

◆ 图68 ◆ 任艺馨:"这个尺子下面是铁做的,上面有洞洞,还有一根线,我看到我爷爷量东西用的尺子就是这样的。"

幼儿的生活经验不同,对尺子的了解也就不同。他们大致知道尺子上有数字、有线条(刻度),也了解尺子的各种形状和不同用途。他们画了自己见过的尺子,各种各样的,甚至包括了显示数字的电脑尺。我们欣赏幼儿尺子里的大千世界,除了惊叹,更多的是期待"资源共享"。于是,活动结束后,教师布置了小任务,希望他们把家里各种各样的尺子都带过来,和小伙伴一起分享。

2. 我们找来尺子。

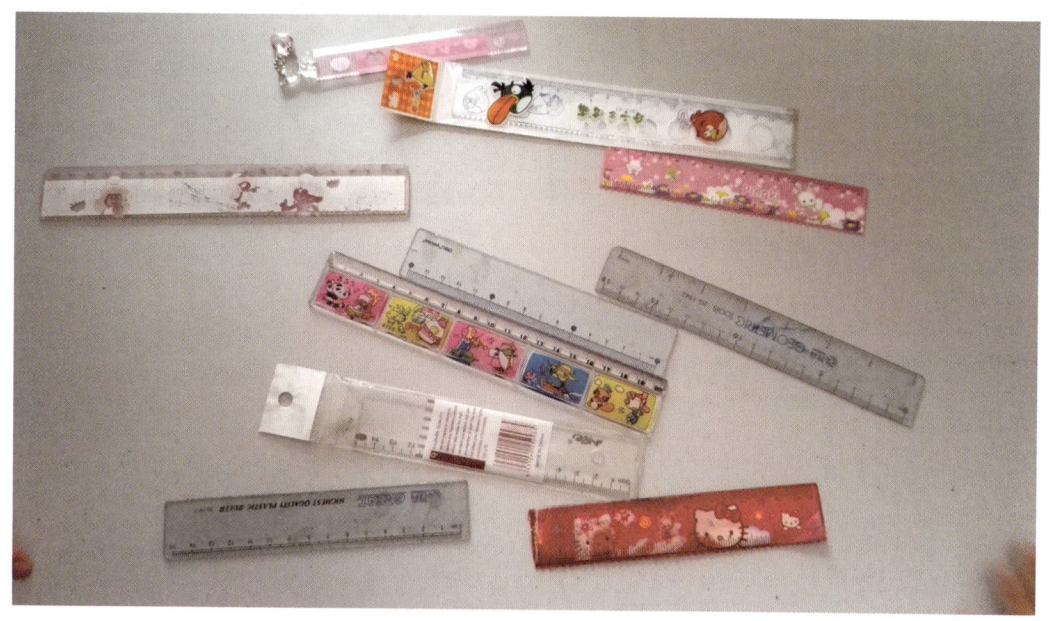

◆图69◆ 幼儿带到幼儿园的尺子。

6月6日,我把幼儿带来的尺子放在一起,如图69所示,跟他们昨天画的相比,品种单一,数量少。如果不是亲身经历,真怀疑昨天画尺子的和今天带尺子的不是同一批幼儿。

问他们昨天画的尺子和今天带的为什么不一样,而且只有很少的几把时,幼儿的回答很真实,有的说:"爸爸要用的。"有的说:"去年有的,今年丢了。"有的说:"姐姐做作业要用,她不给我。"还有的说:"忘在奶奶家了。"

蒋老师觉得要请家长参与进来,于是把近阶段幼儿纸管测量的活动照片做了PPT,在幼儿离园时召集家长观看,让家长感受幼儿真实的游戏状态和乐此不疲的探索精神,希望家长走近幼儿,和幼儿一起探索,一起游戏。我们倡议家长和幼儿一起认识家中的尺子,帮助幼儿收集更多的尺子,一起筹备开尺子博览会。家长们高度认同幼儿园的课程模式,并用实际行动支持这种课程模式,连续几天,幼儿陆陆续续将尺子带到幼儿园,数量由原来的几把变成很多,品种也从单一变得丰富了。

◆ 图70 ◆ 霍征用带来的卷尺测量小床。

◆ 图71 ◆ 王浩说他带来的尺子可以量记号笔和水彩笔。

霍征带来的是卷尺，她告诉我们，这个尺子是从店里拿的，他们家店里就是卖这种尺子的。

霍征想用它量一量午睡室的小床。于是，在金瑛老师的帮助下她进行了现场测量。

霍征："量床的时候一头要勾住床。"

老师："谢谢你告诉我们这个，以后我们就知道了。你量好了，能告诉小朋友床有多长吗？"

霍征数着尺子上的刻度，说"床有108（厘米）"，老师帮她验证。

王浩带来了一把很特别的尺子，大家都不知道它的名字，老师也不知道。

王浩："我也不知道这个尺子叫什么，这个齿轮会转。"

王浩："这个是爸爸在街上给我买的，我还没有玩过，但我看见爸爸用它量过料。""是什么材料？"他说："就是那个长长的圆柱体的，很长的那个。"

老师："是圆柱体形状的材料吗？"

王浩："是的。这个也可以用来量记号笔和水彩笔。"

他和其他幼儿一起观察尺子上的刻度。随后，他找来了一根记号笔并示范测量，连续测量3次后终于成功了，记号笔的长度在刻度20处定格。

老师："其实量的是这个圆柱体笔有多粗。"

好奇的幼儿又找来了水彩笔和铅笔，发现要先把笔放进去，再转动齿轮，还发现粗细不同的笔量出来的结果不一样。

第二章
纸管区

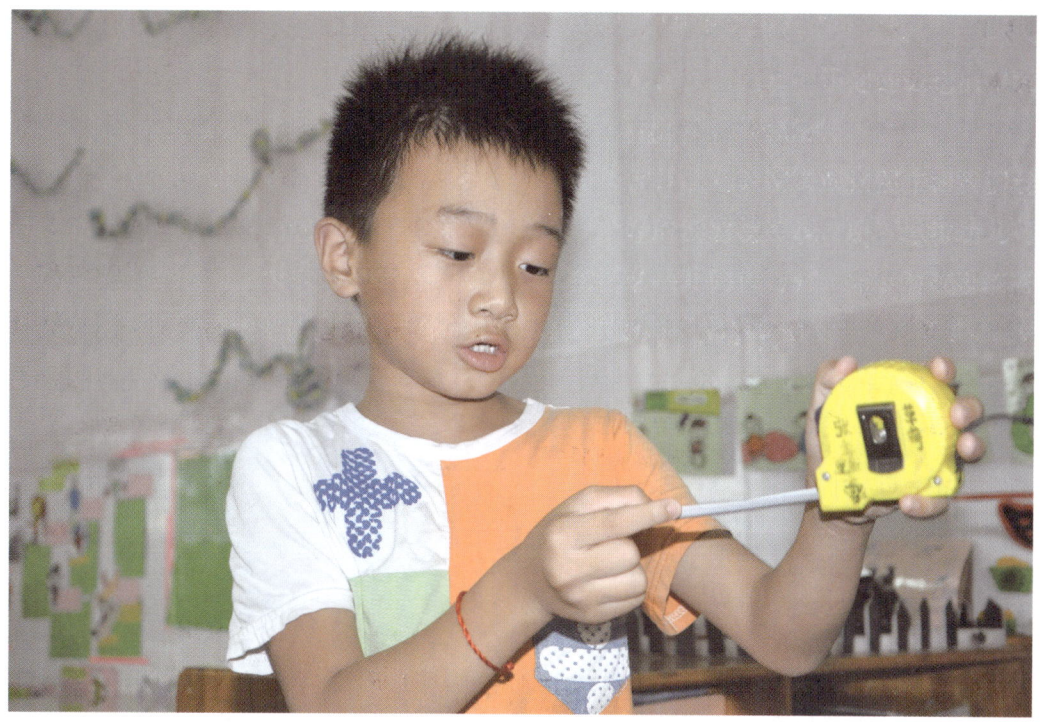

◆ 图 72 ◆ 张鑫豪示范带来的钢皮卷尺。

张鑫豪带来了一把他爸爸买的钢皮卷尺。他边示范边友情提醒:"手不能放在这个尺子边上玩,不然手会被划破的。看到这里这条直线了吗?它就像蜗牛一样一卷一卷往里面去了,一拉它就出来了,可以拉很长,一放就缩回去了。"接着,他指着尺子最前端的折弯处说:"这里是专门固定用的,要量什么就先把它固定。"

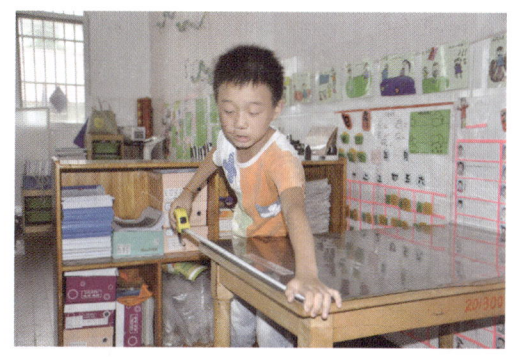

◆ 图 73 ◆ 他找了张桌子量,用锁把尺子锁在那个刻度上,展示给其他幼儿看,桌子宽60。

◆ 图 74 ◆ 胡胜雅:"这个尺子可以拉,它有'30米'。"我们了解到这个尺子是她爸爸平时量木板用的。

◆ 图 75 ◆ 何子舒说这个尺子是用来量身高的,中间有一个小柱子。老师:"这个柱子里是什么东西?"何子舒:"这个里面是水,我爸爸说这个可以看看是不是在中间。"

◆ 图 76 ◆ 汪浩宁带来了一把可以画画的尺子,尺子上有各种各样的形状,如三角形、圆形、菱形、正方形。张鑫豪忙说:"我这里也有一把可以画画的尺子,是我姐姐的,上面有刻度,还有几个小孔,下面可以画波浪线。"

◆ 图 77 ◆ 施雨彤:"这个尺子可以用来量你有多胖。"

◆ 图 78 ◆ 她示范测量了一下。老师:"量到了多少?"施雨彤:"30。"

◆ 图 79 ◆ 邓雨萱带来了爷爷干活用的卷尺,她说爷爷平时用尺子来量土地。随后,她在班级里测量柜子,发现柜子高76。

◆ 图 80 ◆ 幼儿把测量身高的图尺有的张贴在门上,有的张贴在墙上,自发地测量身高。

两位老师到对面书店买了几把那种贴在墙上量身高的图尺，幼儿争先恐后测量起来。

用工具测量，不是让幼儿精准地量出东西的长度，而是告诉他们，科学测量可以用工具，并且工具是各种各样的，可以根据不同测量要求采用不同的测量工具，这样就丰富了幼儿的经验。

3. 尺子博览会。

尺子越来越多，幼儿每天都拿着尺子到处测量，并和好朋友不断分享着自己的测量故事。

老师："我们现在有这么多的尺子，是不是可以开个尺子博览会呢？小朋友知道什么是博览会吗？"

◆ 图81 ◆ 魏俊熙分享博览会经验。

◆ 图82 ◆ 汪宇杰分享博览会经验。

魏俊熙："博览会就是这里一排桌子，那里一排桌子，每个桌子上面都放一把尺子，中间留一个很大的空格，小朋友可以排着队来参观。"原来，他爸爸带他看过汽车博览会。

尤庆玮："把所有的东西都放在那里，有人不知道，你可以向他介绍一下。"

尤浩博："可以让小朋友玩各种各样的尺子，看谁玩的方法最多，谁就赢了。"

汪宇杰："尺子博览会是用尺子量东西的，也可以用尺子画画。"

张鑫豪："先让带尺子来的小朋友量一下东西有多高，然后让没有带尺子的小朋友也量一下。"

老师："今天我们来开博览会，谁来招募组员？"

◆ 图83 ◆ 幼儿推选组长。

◆ 图84 ◆ 组长魏俊熙尝试调整桌子，组员积极配合。

随后，幼儿一致推选有参观博览会经验的魏俊熙当小组长，负责招募组员，布置场地。为了引起组长的关注，大家跃跃欲试。魏俊熙招募了4个小伙伴，组成5人组，然后就全面开工了。

◆ 图85 ◆ 幼儿尝试摆放尺子。

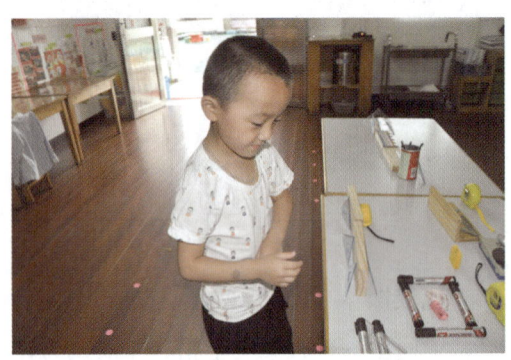
◆ 图86 ◆ 组员找来了积木，用不同的方式将尺子固定。尤浩博别出心裁地用4支记号笔把两个软皮尺围了起来。

在经过一次又一次尝试后，幼儿将6张桌子摆成两纵队，每队3张桌子。随后，他们开始摆放尺子。

魏俊熙开始放第一把尺子，他说："我们要让每把尺子都站起来，这样来参观的小朋友可以看得更清楚。"

怎样让尺子站起来呢？他们首先找来了辅助材料"记号笔"，将尺子靠在记号笔上，结果，记号笔一滚，尺子就动了。组员朱永康看见了，他拿起放记号笔的红色筐子，说："让尺子靠在筐子上就不会滚了。"

第二章
纸管区

◆ 图 87 ◆ 组长魏俊熙把控着全局,告知组员:"将大尺子放在一边,小尺子放在另一边。"

◆ 图 88 ◆ 尺子博览会场景初步呈现。

◆ 图 89 ◆ 组长魏俊熙介绍:"这边睡倒的就是直尺,站着的就是三角尺。我们是按照规律排的,2个皮尺放在一起。"

◆ 图 90 ◆ 他接着介绍:"长尺子都在这边。"

◆ 图 91 ◆ 最后,小伙伴们饶有兴趣地参观了"尺子博览会"。

◆ 图 92 ◆ 小观众很专注、很投入。

其实,幼儿虽然开了一次"尺子博览会",但对于真正的博览会并不了解。另外,幼儿对于尺子的兴趣越来越浓厚,他们又陆陆续续带来了很多新奇的尺子。于是,老师决定从经验出发,和幼儿一起走进第二次博览会。

◆ 图 93 ◆ 幼儿参观其他博览会，积累经验。

◆ 图 94 ◆ 王韬说："博览会要有一个大大的标志。"

我们邀请幼儿一起走进"芭比娃娃博览会""水果博览会""恐龙博览会"。

老师："为什么叫尺子博览会？"幼儿："因为我们放了很多尺子……"

大家共同思考：第二次尺子博览会需要准备什么？

王韬说："要有一个大大的标志。"

王浩宁说："要准备各种各样的桌子。"

尤庆玮说："要有很多的材料。"

张鑫豪："还要一些气球什么的做装饰。"

……

博览会准备工作开始了，幼儿有的独自操作，有的合作互助，大家都为了"尺子博览会"忙碌着。

◆ 图 95 ◆ 董圣洁专注地在干什么呢？原来她想将最有特点的尺子——滚尺，挂在最明显的位置。滚尺上面还粘贴了自制的标记，这样大家一眼就能看出是什么博览会了。

第二章
纸管区

◆图96◆ 大家忙着布置尺子博览会。

◆图97◆ 魏俊熙把长方形尺子都放在同一张桌子上。

董圣洁说:"有的尺子有花纹,有的尺子没有花纹,可以将有花纹的放在一起,没有花纹的放在一起。"

魏俊熙:"因为有很多卷尺,可以把它们放在一起,大尺子放一起,小尺子放一起。"

王韬说:"一样形状的可以放在一起。"

有的按从大到小的顺序排队,有的则分类摆放。

魏俊熙把长方形尺子都放在了同一张桌子上。

◆图98◆ 三角形尺子放在一起。

◆图99◆ 第二次尺子博览会场景。

◆图100◆ 卷尺。

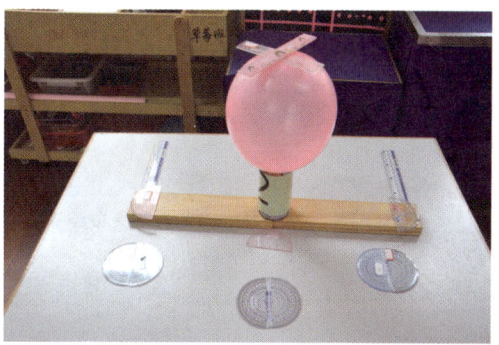
◆图101◆ 半圆形尺子。

◆ 图102 ◆ 游标卡尺。

◆ 图103 ◆ 博览会上，还有专门负责解说的幼儿。王韬说："这是红外线尺子，有一个按钮，一按就会出现一个小红点，上面会有数字，知道距离有多少。"

王浩说："这是滚尺，（他指着后面的数字）这个尺转一圈可以知道有多长。可以量这里到那里（他指着活动室的两头）。量的时候，要先把数字都归成0，三角要对着中间，沿直线滚。"介绍完，他开始示范测量活动室的长度，测量完告诉大家：上面的数字是8，有8米。

两位老师交流中说到，两次博览会带给了幼儿不一样的感受。尤其值得高兴的是，幼儿知道了什么叫"尺子博览会"，是因为博览会上有很多尺子，我们看到了各种各样的尺子，并且知道了尺子的用处。

4. 我设计的尺子。

尺子博览会之后，幼儿每天钟情于测量和创作"我设计的尺子"。

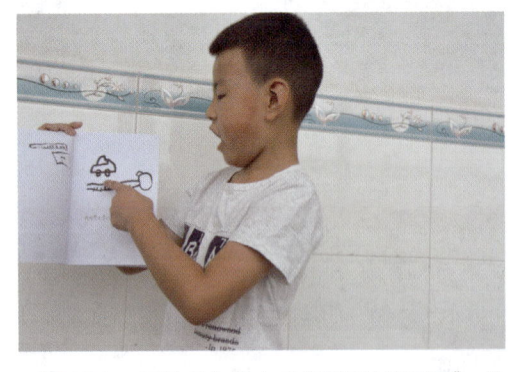

◆ 图104 ◆ 王浩创作的小书《我设计的尺子》，他说："这是我设计的卷尺，是量玩具小汽车用的。"

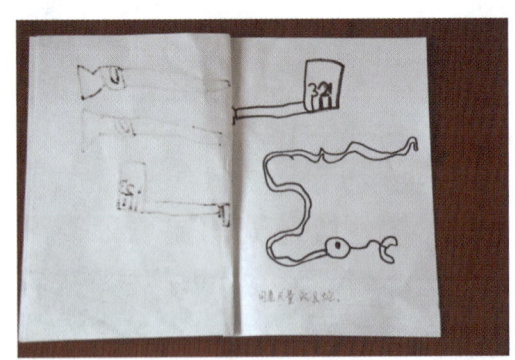

◆ 图105 ◆ 这是周月豪创作的小书《我设计的尺子》，他设计了很多尺子，其中卷尺可以测量玩具蛇。

◆ 图 106 ◆ 这是曹宇博创作的小书《我设计的尺子》，他也设计了很多尺子。他指着钢尺说"用钢尺可以量很多东西"：桌子、玩具柜、茶杯箱、沙盘……

四、微教研：教师融会贯通关于测量的概念

1. 梳理关于测量的内容。

依据幼儿心理逻辑和事物的发展规律，我们的系列游戏活动从测量纸管到用纸管测量，再到用尺子测量。一方面，我们梳理了《幼儿园综合活动课程》中关于测量的内容，另一方面，我们关注现阶段测量的发展目标与幼儿当前兴趣之间的关系，以促进幼儿经验的发展为目标来开展游戏活动，促进幼儿对测量的认知和理解。

《幼儿园综合活动课程》中有以下关于测量的活动：

中班下 P190，科学区游戏"量鞋长"，用回形针测量自己的鞋长，并记录。

中班下 P199，数学活动"小鱼有多长"，探索、学习用回形针测量物体的方法，并能用数字表示测量结果；在观察、比较中了解物体的长短是相对的。

大班上 P35，数学活动"各地娃娃到北京"，学会用小棒、回形针、水彩笔等工具在地图上沿直线进行测量，测量时注意工具的首尾相接。

大班下 P85，数学活动"测量远近"，学习用目测和自然测量的方法，比较、区别物体的远近，并会用表格的形式进行记录。初步感知同样的距离，使用的测量工具不

同，测得的数量也不同，训练思维的相对性。

大班下 P171，数学活动"生活中的数学"，知道一些标准工具的用处，用尺子测量桌面，幼儿自由结成小组，选择同一种测量工具测量同一种物品，看看结果是否一样。

2. 探索幼儿学习测量的路径。

当幼儿自发生成自然测量这一新的学习活动时，我们不是简单地跟随，而是为了更有效地促进幼儿的发展，我们和幼儿一起进行了很多测量活动：用一样长的玉米棒测量滑滑梯，用轮胎测量幼儿园的操场，用身体测量幼儿园的围墙，目测园子里不同紫薇树的远近，用尺子测量小床。在科学区，幼儿用回形针、螺丝螺帽测量绘本、地砖、沙盘。在种植园，幼儿用吸管、积木测量菜椒、茄子发芽生长的过程，用蜡笔测量、比较黄瓜、豇豆的长短，用绳子测量、比较树的粗细，并记录、分享。在自然角，幼儿用小尺子测量蚕宝宝的生长情况。我们回归生活，和幼儿一起探索，一起经历"发现之旅"。在深层次互动中，在能彰显幼儿主体性的环境中，引导幼儿操作、探究、交往、感受。

3. 把握测量的关键要点。

在数学活动中，关于自然测量有三个关键点，一是理解测量的意义，知道原来测量可以帮助我们了解周围的世界。二是掌握测量的方法，知道测量时要首尾相接，如幼儿用身体测量时，一个人转动、一个人不动。三是比较两个物体长短时，必须用同一种自然测量材料。

第三章
手指游戏区

人是最不可替代的资源，人的声音、肢体、特别是手脚均为资源。"手是身体的大脑"（康德语），苏霍姆林斯基也说过："儿童的智慧在手指尖上。"所以，从2002年起，我们开始了手指游戏的实践和研究。手指游戏是幼儿伴随着儿歌、口令、节奏，用语言和手部动作去构造游戏情境而开展的游戏活动，内容生动具体，形式活泼多样。从脑科学的角度来说，幼儿玩手指游戏就相当于帮大脑做体操，正所谓"心灵手巧"，同样，手巧的幼儿也心灵。

2007年，东青幼儿园创建了手指游戏特色学校。2011年，"幼儿教育中手指游戏的开发与实施"获江苏省第三届教育科学优秀成果实践探索奖。2013年，手指游戏教材公开出版。2016年，"灵动的手指，智慧的源泉——幼儿启智教育探索"获江苏省教育科学研究成果奖。2017年，《幼儿创意手指游戏活动的设计与实施》成为江苏省基础教育前瞻性教学改革实验项目。手指游戏还被推广到师范学校、康复中心和老年大学，辐射省内外。研究表明，手指游戏在促进幼儿的语言、动作、思维、想象、节奏感、记忆力、创造力、合作能力等方面的发展上有很大的作用。

随着微教研的深入，我们尝试用批判性思维，辩证科学地去深入研究手指游戏，发现存在低水平重复、成人痕迹太深等问题。之后，"儿童在这里"成为手指游戏研究的理念核心，我们把手指游戏开发、创造、研讨权利交给幼儿。幼儿自主创编，自主游戏，成为手指游戏的主人，显现出惊人的想象力和创造力。手指游戏从单一走向多元，从灌输走向自主，从学教走向创造。

本章三个案例，体现了我们以传承的态度、批判的思维探究手指游戏的三个不同的维度，表现了我们在不断进行手指游戏的实践研究。

第一个案例"一百种门——会奇思有妙想的孩子"，由"门"引发幼儿想象、创造，并自主用手指表达；用"指尖流淌着的故事"这样的手型图谱引发幼儿自由探索，猜想表述。我们更以此案例进行深入教研，引导教师倾听幼儿、发现幼儿、追随幼儿。

第二个案例"我的小手也睡了——会构思有创意的孩子"，诠释了我们儿童观的转变，我和老师们探讨如何将规则游戏变成自主游戏，如何将手指游戏真正还给孩子。

第三个案例"有趣的光影——会拓展有变化的孩子"，幼儿拓展手指游戏，自主探索手指游戏和光影的结合，探究光源的不同与光影变化的关系，更探究光源的远近与手影大小的关系。

第一节　一百种门——会奇思有妙想的孩子

我们有个庞大的手指游戏资源库，里边有各种各样、惟妙惟肖的趣味手型。这些趣味手型，有的是从书本、网络、广告上收集来的，有的是幼儿、老师、家长自主创造的。

在这个资源库里，同一个物品，会变出很多有趣的手型，比如眼镜，有老花镜手型，有魔术眼镜手型，有小鱼眼镜手型，有花朵眼镜手型等。每一个有趣的手型，都会有作者的专利名字，比如添添的青洋高架桥手型，洋洋的小花狗手型，毛毛的青苹果手型。

我们的混龄手型区，幼儿很喜欢，他们喜欢自己确定话题，自己演绎、分享手型故事。

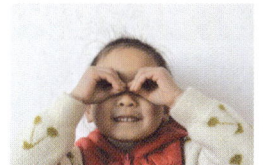
◆ 图1 ◆ 潜水眼镜。

◆ 图2 ◆ 小鱼眼镜。

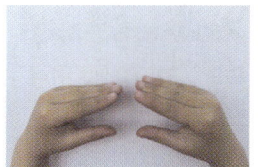
◆ 图3 ◆ 鳄鱼眼镜。

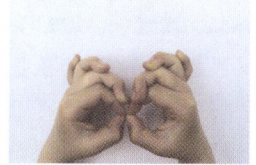
◆ 图4 ◆ 香蕉眼镜。

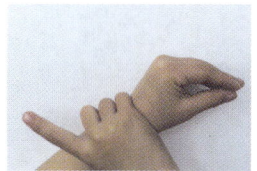
◆ 图5 ◆ 老鼠。

◆ 图6 ◆ 白鹅。

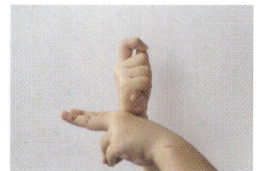
◆ 图7 ◆ 喜鹊。

◆ 图8 ◆ 小兔宝宝。

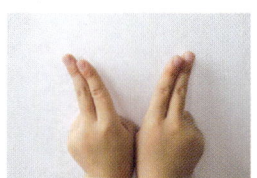
◆ 图9 ◆ 有力量的小兔爸爸。

◆ 图10 ◆ 大肚皮的小兔妈妈。

◆ 图11 ◆ 欣欣的小猫。

◆ 图12 ◆ 成成的小狗。

有图有真相：
一个幼儿园园长的微教研

一、案例呈现

1. 一百种语言一百种门。

2017年5月，在我们的混龄手型区，幼儿自主生成关于"门"的话题，并用手指对"见过的门"和"想象的门"做了多种空间建构，创造出了"各种形状的门""各种形象的门""各种地方的门"和"各种功能的门"。

（1）各种形状的门。

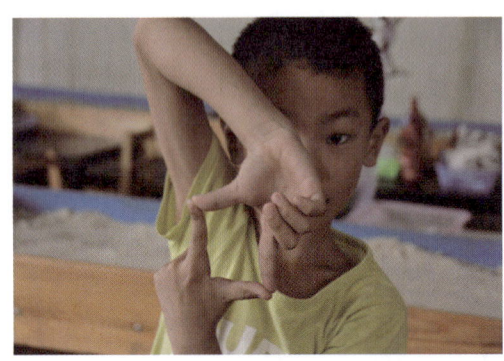 

◆ 图13 ◆ 蒋怀博喜欢变各种形状的门，他用小手变出了横长方形门、竖长方形门、三角形门等。

◆ 图14 ◆ 沈思雨变出了菱形门。

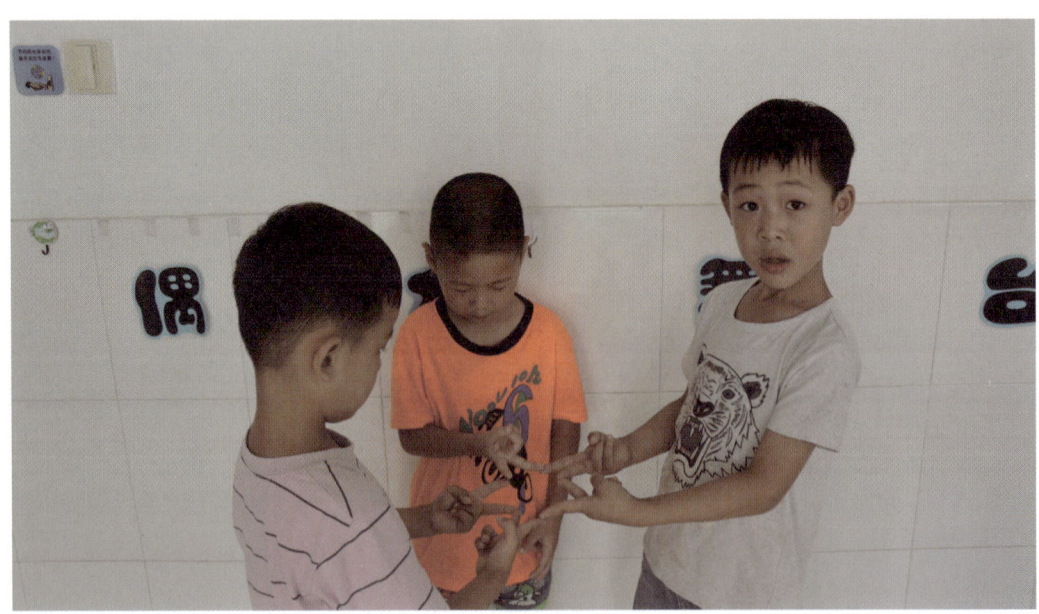

◆ 图15 ◆ 陈澄、梁帅和张阳合作变出了五角星门和六角星门。

（2）各种形象的门。

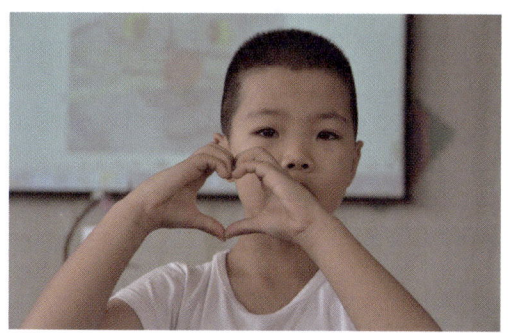
◆ 图 16 ◆ 夏煜城说:"我这个是爱心门。"

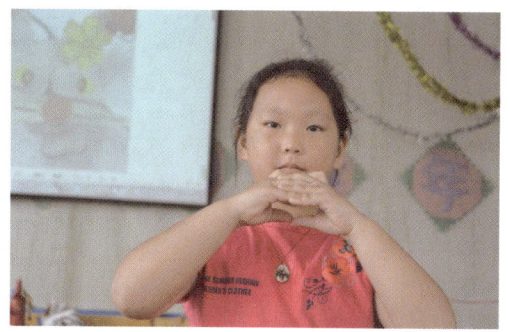
◆ 图 17 ◆ 吴汶玉说:"这是小猫门,上面是小猫的耳朵,只有小猫可以进出。"

◆ 图 18 ◆ 陈居易做"蜜桃门",刘浩宇按密码,按对了,就可以进入。

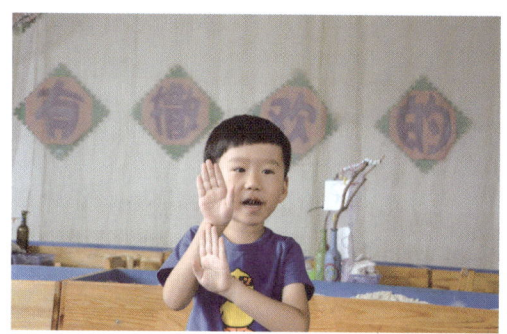
◆ 图 19 ◆ 杨雨凡说:"这是冰棒门。"

◆ 图 20 ◆ 徐思婧和翁孝晨创意的"蝴蝶结门"。

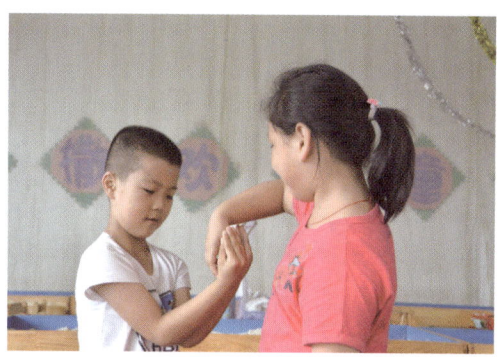
◆ 图 21 ◆ 夏煜城和吴汶玉想创意"猕猴桃门",一开始两人的手臂都在下面,他们觉得有点像"花苞门"了,多次尝试后,改成吴汶玉的手指朝下,夏煜城的手指朝上。

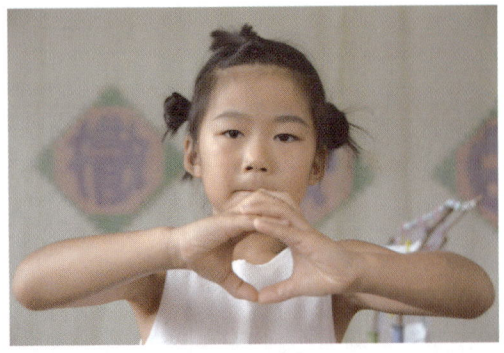

◆ 图22 ◆ 宋雅涵说:"这是西瓜门,西瓜门里边有很多西瓜,人要吃水果,打开门就可以进去。"说完,她就把下面的大拇指分开了。

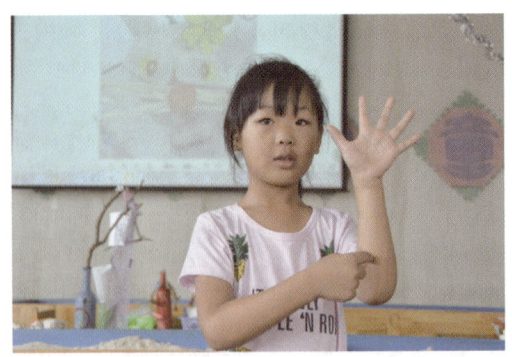

◆ 图23 ◆ 沈思雨说:"这是大树门,可以爬上去,再从树的后面下来。"

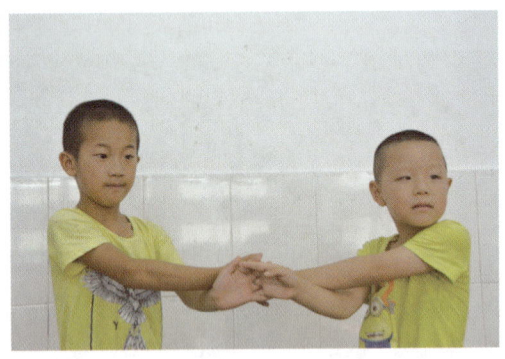

◆ 图24 ◆ 杜政和梁金旭创意的"麻花门",他们说因为它是卷的,像麻花哦。

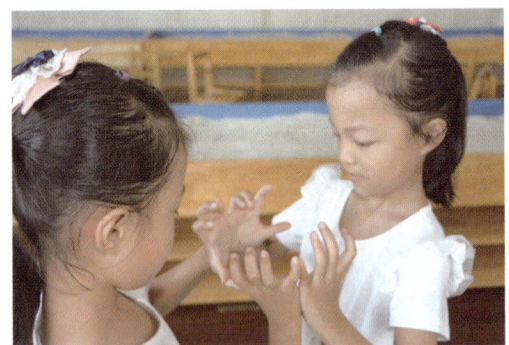

◆ 图25 ◆ 潘韵寒、潘韵雪设计了"西兰花门",先从前门进去,再从后门出来。

(3)各种地方的门。

◆ 图26 ◆ 潘峻宇说:"这是我们学校的门。"

◆ 图27 ◆ 潘峻宇说:"我早晨来的时候,它移过去。"

第三章
手指游戏区

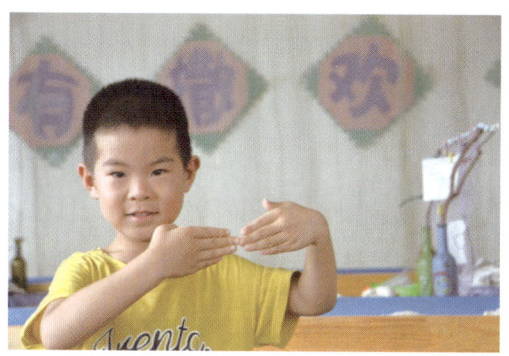
◆ 图 28 ◆ 潘峻宇说:"它还可以移过来。"

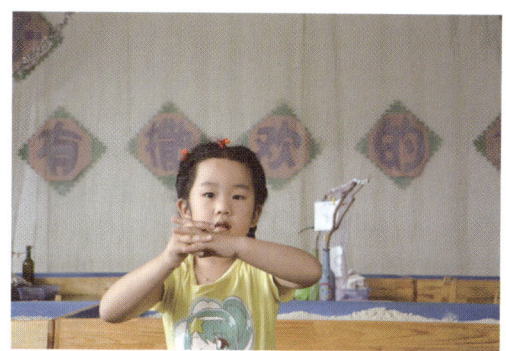
◆ 图 29 ◆ 陈梓怡演示了"家里的楼梯门"。(农村的老房子,在楼梯上有一道门,平时关着,防老鼠和蚊虫;上楼梯时打开。)

◆ 图 30 ◆ 张可可和吴鑫林创意了"农场的门",说里面有羊,天亮就打开。

◆ 图 31 ◆ 蒋怀博说:"这是电梯门,打开,人就进来。"李明聪说:"按 3 就可以往上走,按 1 就往下走。"

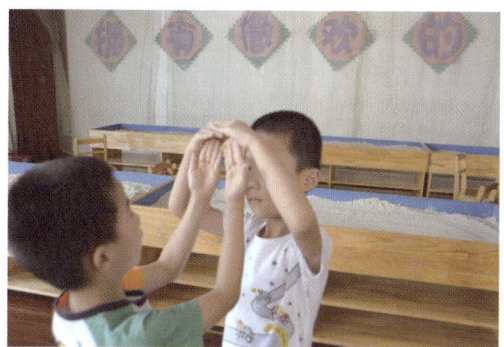
◆ 图 32 ◆ 黄彦博和陈昊也创意了"电梯门",他们边演示边说:"电梯门可以升降。按一个绿按钮,门打开,人就进去。人进去后,按一下 6 楼,电梯上升到 6 楼,再按开门,人就出来。"

◆ 图 33 ◆ 周逸宁和江佳诺创意了"飞机场的门",他们说:"飞机从上面飞下来,飞到地上的时候,门打开;有人上飞机的时候,门也会打开。"

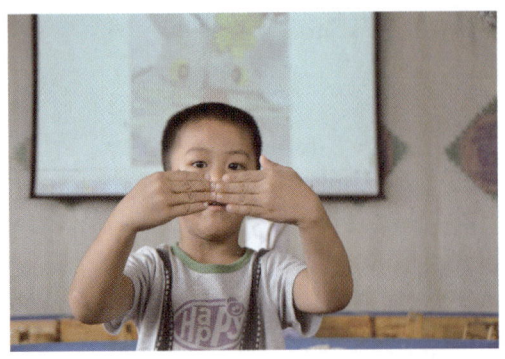

◆ 图 34 ◆ 陆昊宇说，"饭店的门不要输密码，人靠近，门就会自动打开，可以直接进去。"说完，他就把双手打开了。

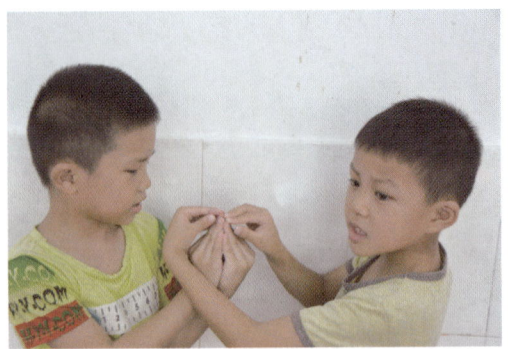

◆ 图 35 ◆ 唐涵宇和刘俊宇设计了一个"宝物门"，说这个地方在山里，藏着很多宝物，站在门口说"芝麻，芝麻，开门吧"，藏宝物的门就会打开。

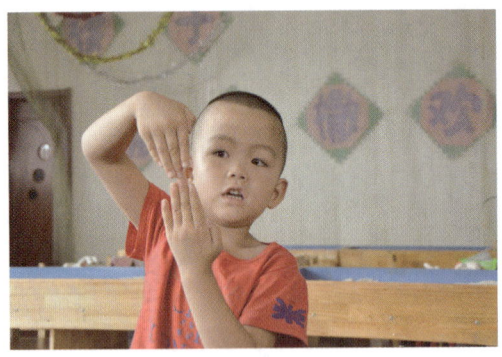

◆ 图 36 ◆ 王子俊和潘思瑞设计了"飞船上的门"。他们演示了"关着的门"。

◆ 图 37 ◆ 他们又演示了"打开的门"。

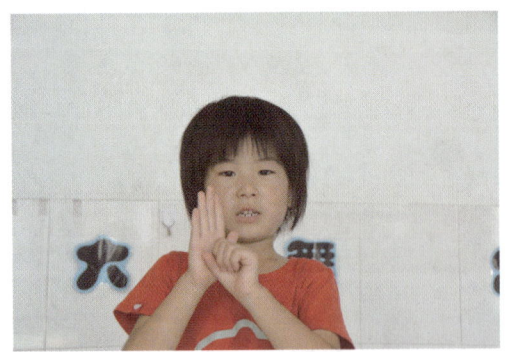

◆ 图 38 ◆ 王紫情说："这是我们葡萄班的门，上面有门把手，门把手一旋转，就可以走进教室。"

◆ 图 39 ◆ 姜沛琪和谭永轩说："这是城门，就是保护国家的门。白天战斗的时候，门就会打开，里边有大炮出来。"

◆ 图40 ◆ 薛雅薇和承果说:"有三个杠子,这是车站上的门,票刷一下,这个杠子会转,小朋友就可以走,不刷票的话,杠子不会转。"后来了解到,这是地铁站的入口处或出口处。

◆ 图41 ◆ 张盼晞和毕玥设计了"宝塔的门"。

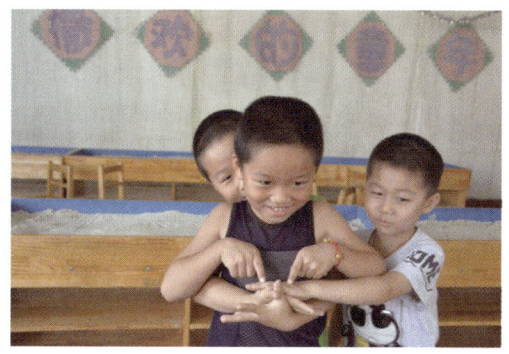

◆ 图42 ◆ 牟立坡、刘城坤、张海涛创意了"大剧院的门",牟立坡边演示边说:"这个门很大的,有柱子,开的时候,从这边走上去,从那边走下来。"

◆ 图43 ◆ 张海涛、承果、刘城坤、薛雅薇、牟立坡合作创意了"饭店的转动门",说可以让很多人进去。

(4)各种功能的门。

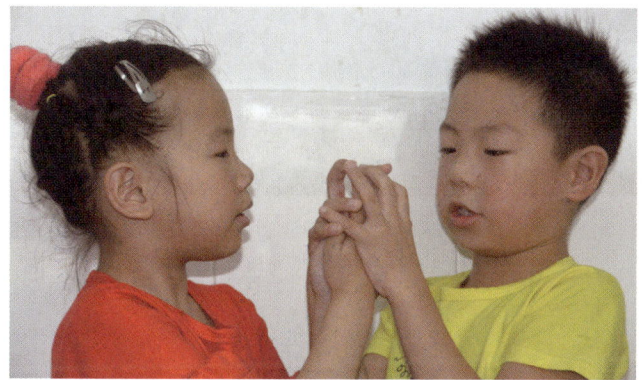

◆ 图44 ◆ 牟羽清和蒋承烯创编了"捕蝇草门"。

大班曾有个活动"植物趣闻",讲述了捕蝇草、含羞草、大王花、仙人掌等。牟羽清和蒋承烯想象奇特,创编了"捕蝇草门",他们说,里面有小刺,碰了就会关门,再也出不来了。捕蝇草冷了就会枯萎,到了夏天它们就会恢复绿色,平时它们都是住在热带雨林的,住在热带雨林的话就会好好生活,长得特别大、特别壮,它们还吃超大甲虫。它们吃蚊子,把蚊子关住,不让它出来。它们什么都吃,吃苍蝇、蚂蚁,"捕蝇草门"有两层,蝴蝶被关在里面一层,大点的虫被关在外面一层。

◆ 图45 ◆ 唐玺栋和宋睿虎创编的"机关门"很厉害,宋睿虎说:"这机关门走进去可不容易,要是慢慢走,就会被门夹住。人要快点跑,才能走过去。"宋睿虎说完,就和唐玺栋一起飞快地把机关门关上了。

◆ 图46 ◆ 宋睿虎还创编了"魔术门":"人想要进去的话,要密码999。"他一边说,一边用左手在右手上点密码,点好999,他右手的大拇指就打开了。

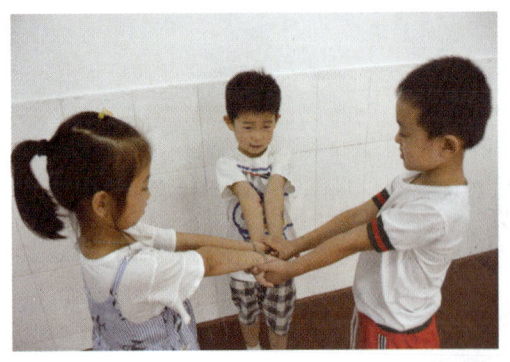

◆ 图47 ◆ 侯懿贤、潘俊熙、张晨炫合作完成了"风车门"。

◆ 图48 ◆ 张家浩设计了有门铃的门,他说手上的标记就是门铃,只要一按,里边的人就知道有人来了。

◆ 图49 ◆ 陈昊、周逸宁、江佳诺和蒋嘉涵设计了"旋转木马门"。

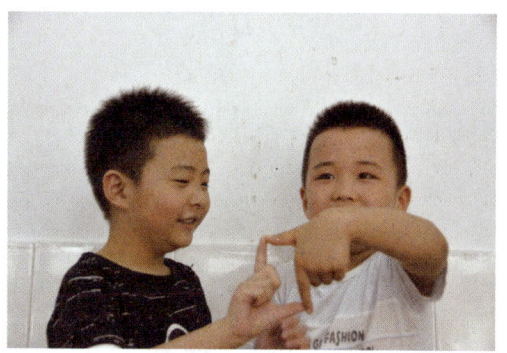

◆ 图50 ◆ 蒋子涵和沈逸轩一定要造一个"防盗门",说要防止别人进来。

◆ 图51 ◆ 李明聪和蒋怀博设计的"火箭门","进去之后,火箭往上飞"。

◆ 图52 ◆ 唐玺栋和宋睿虎说这是"锤子门"。女孩在"锤子门"上按了一下,两个男孩边说"咻……"边把"锤子门"打开了。

2. 孩子指尖流淌着的故事。

在幼儿园大功能室,有一面手型墙,上面张贴了一幅幅经典手型图,图上都配有说明文字。"火箭""花轿""锄头"……这些以前创意的早已固定的手型,在孩子们眼里,价值可是不一般。游戏时间,老师把小班孩子带到这里,请大家找喜欢的手型图学一学、猜一猜。

（1）火箭妙变金箍棒。

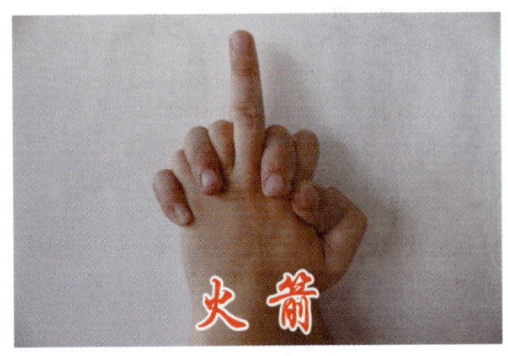

◆ 图53 ◆ 经典手型"火箭"。

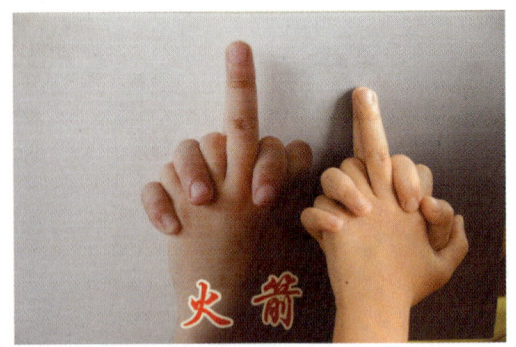

◆ 图54 ◆ 幼儿模仿手型"火箭"。

这是大班幼儿以前看火箭发射时创编的"火箭"手型。小班幼儿会猜想成什么呢？

潘思瑞边学边猜说："这是金箍棒，长长的金箍棒，可以变大变小的。"老师："瑞瑞你猜得好快哦，一下子就能猜出是金箍棒。让我赶紧想想，金箍棒会是谁的呢？"旁边的幼儿："老师，金箍棒是孙悟空的。""老师，金箍棒可以打妖怪的。"老师："哦，我也想起来了，金箍棒确实是孙悟空的，那你们在哪里看到过孙悟空？""在电视上看到过。""我们图书角那本书上也有孙悟空。"

邓森旭："这是火焰山呀。"老师："嗯，真的很像哦。"然后指着中指、中指右侧、中指左侧问："这些又是什么呢？"邓森旭先指着中指："这是火焰。"再指着中指右侧："这是上山的路。"然后指着中指左侧："这是下山的路。"最后，他还强调了一下："山上有很多走上去走下来的路。"

刘宇学着这个手型，并将中指朝前："这个像小鸡，这是小鸡尖尖的嘴巴。"

陈梓怡看了一眼手型，毫不犹豫地说："这是香肠呀，直直的香肠，我吃过的。"

刘辰浩边学边反驳："这是飞机，你看，你看，飞机在往天上飞。"他说完，就将自己双手做的小飞机快速往上升，嘴里还发着"呜"的声音。

杜淑悦："这是朝上面打的枪吧。"

曾亦瑶说："打针的针，这个尖尖头就是打针的。"

朱静怡："宝塔，手指朝上像宝塔的尖尖。"

李昕珆："像一个蛋糕，上面有一支蜡烛插着，要点火。"

郭雨涵："像电梯，人是坐在这个电梯里面的，这是粗的线，可以把电梯拉到山上，再拉下来。"我们懂了，他的意思是：这是可以上山下山的观光缆车，直直的中指就是拉缆车移动的缆绳。

钱烨慧:"这是高架的柱子,上面有一条路,汽车在路上开。"

魏城浩:"像树上的树枝。"

姚欣钰:"我觉得是气球。"

徐梦婷:"我猜是乌龟,上面是乌龟的头。"

陈传森:"我感觉像火箭。"

梅奕涵:"这是太空船。"

(2)花轿就是大帐篷。

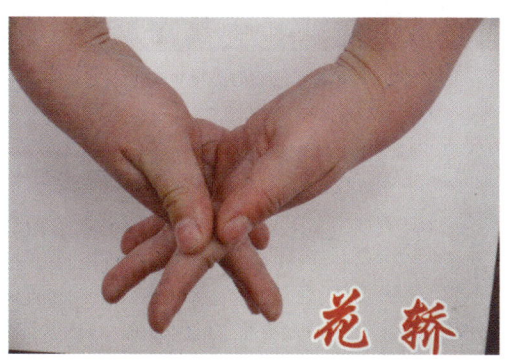
◆图55◆经典手型"花轿"。

◆图56◆幼儿模仿、创造手型"花轿"。

这是以前大班幼儿在玩户外游戏"抬轿子"时创编的"花轿"手型。

邓森旭说:"这是帐篷,可以住好多人。"

胡碧玲:"烧火的木头,可以围着火堆跳舞哦。"我们猜想他所说的可能是架着的一堆柴禾,点着了就可以围着跳舞的篝火。

黄妙锦:"这是小板凳,不坐的时候可以折起来的,还可以拿着走。"她在外婆家后面的渔具店里,看到过这样的小板凳,人们买回去后,在钓鱼的时候可以坐。

张贺轩手背朝上,学着这个手型,说:"像很多蚂蚁。"

李昕珩:"像一个袋子在接水,现在水还没接到。"

陈居易边模仿边猜想:"这是杯子。"

陈传森边模仿边说:"像下雨了。"然后他把手反过来,又说:"像一把伞。"

孟晗琦说:"像摇篮,可以摇来摇去。"

谢钰馨:"像章鱼,有很多脚。"

朱静怡:"这是小粽子,朝着下面的。"

傅樱说:"像小山。"

黄子琳说:"像轿子。"

（3）锄头原来是镜子。

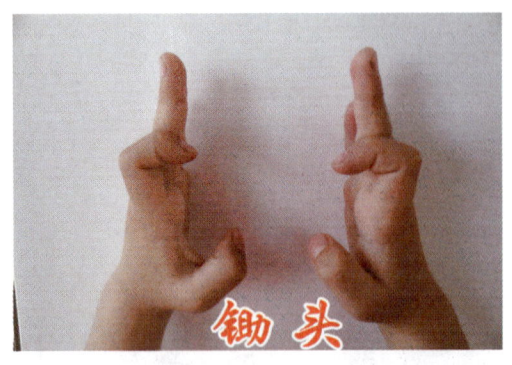

◆图57◆ 经典手型"锄头"。

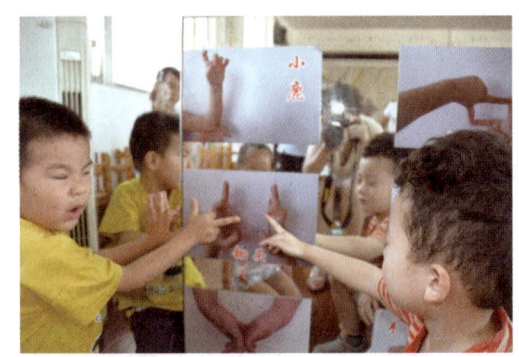

◆图58◆ 幼儿模仿、创造"锄头"手型。

这是以前家长创编的"锄头"手型。

陈梓怡说："我觉得它是镜子。"开始我不懂，后来才明白，因为有一模一样的两个，她认为，一个是在镜子里，一个是在镜子外。

黄妙锦说："这是一座桥呀，上面马上要铺好了。"这跟钱烨慧猜"火箭"手型是"高架的柱子"，思维方式如出一辙。

李昕珆看着图用手模仿着手型，并靠到脖子旁边："像一个人的脖子。"于书恒："像苹果，竖起来的是苹果的柄。"我很震撼这两名幼儿的想法，他们整体观察，看到的是两手型之间的部分。

两个小男孩，右边陈居易边学边猜说是乌龟，"因为它的脚在上面爬"，又伸出食指沿着手型墙上的中指比画："它的头在这里。"

左边的潘峻宇说是"手枪，炮击手枪"。老师："你的小眼睛真亮，老师还没看出来哦，你能告诉我，为什么这是手枪吗？"潘峻宇用手模仿着："因为有个洞，可以看远处的地方，看到坏东西就呼，可厉害啦。"

谢钰馨猜："像大象，这是大象的长鼻子。"

钱烨慧："我觉得这是挂东西的钩子，我家里也有的。"

沙翔认为："这是电话，可以打电话，喂喂喂。"魏城浩："这是螃蟹。"

侯钰涛："两个发夹。"

邓淼旭："这是坦克，要进攻了。"

张贺轩："这个像城堡。"

（4）蜗牛的故事。

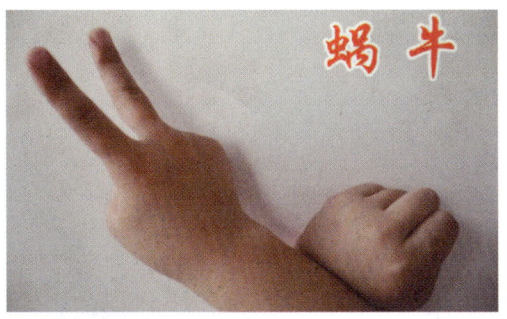
◆图59◆ 经典手型"蜗牛"。

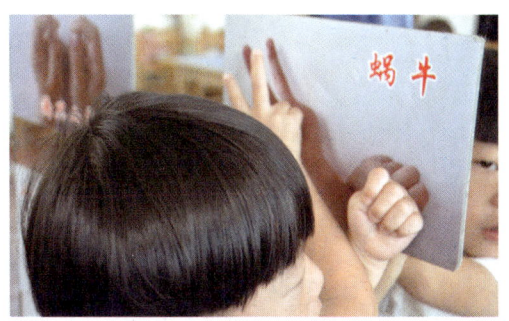
◆图60◆ 幼儿模仿手型"蜗牛"。

中班有个手指游戏"小蜗牛背书包",这是幼儿创造的"蜗牛"手型,伸着的两个手指是触角,握着的拳头是壳。

幼儿模仿着说:"这是蜗牛,这是头,这个是壳,壳是可以睡觉的,睡觉时头就到壳里去。"他说完,就把触角缩了回来,紧紧挨着壳。

另一个男孩把蜗牛的头当作小兔,把蜗牛的壳当成了石头,他边模仿着边说:"这是小兔,小兔蹦蹦跳跳走路,碰到了石头。"

（5）我的爸爸肚子大。

◆图61◆ 经典手型"小兔"。

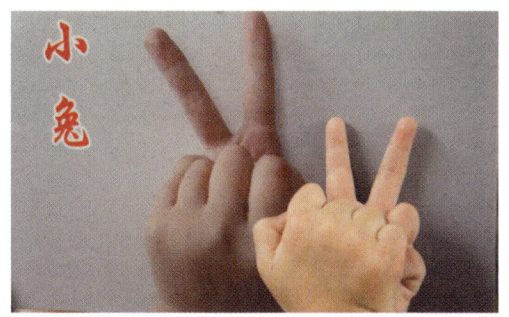
◆图62◆ 幼儿模仿手型"小兔"。

以前创编了兔宝宝、兔爸爸和兔妈妈等手型,这是默认的大肚皮的是兔妈妈。

陈居易颠覆了以往妈妈是大肚子的固化思维,他边用小手模仿,边说:"大肚子的是爸爸,因为爸爸很高,吃得多,肚子大。"他还说,"我的爸爸肚子大,力气也大。"

（6）老狼、孔雀和苹果。

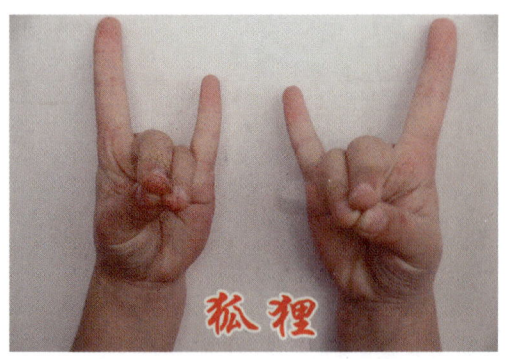

◆ 图 63 ◆ 经典手型"狐狸"。

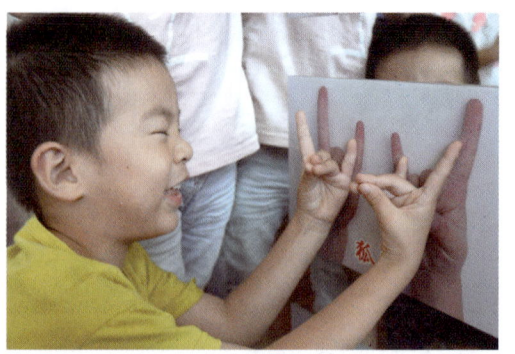

◆ 图 64 ◆ 曾经创编的"狐狸"手型，潘峻宇说是"老狼"。老师问："你怎么看出它是老狼的？"他说："因为它耳朵听不见了，只会啊呜啊呜吃了，牙齿都没了，东西不咬就直接咽下去。"旁边两个女孩说："老狼老狼几点了？"

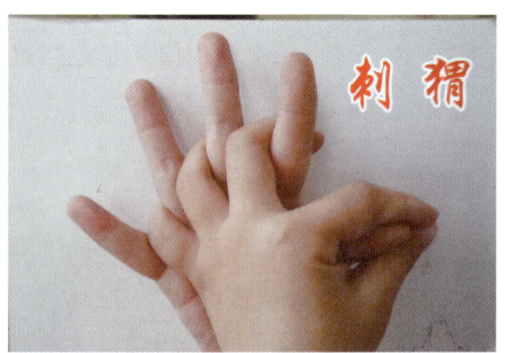

◆ 图 65 ◆ 经典手型"刺猬。"

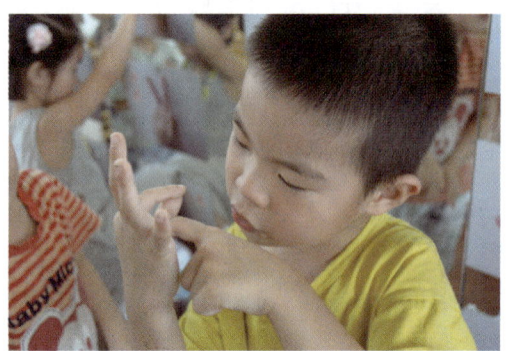

◆ 图 66 ◆ 潘峻宇说："这是孔雀。"他还强调，"这是大孔雀，因为羽毛有点长。"又指着手心说，"这是母孔雀，这是它的育儿袋，宝宝放在这里。"杨景腾把刺猬手型想象成地球，他边演示边说："这圆圆的是地球，这个竖着、竖着、竖着、竖着的（四个手指）是太阳光。"他指着大拇指说，"这是地球上的房子。"

第三章
手指游戏区

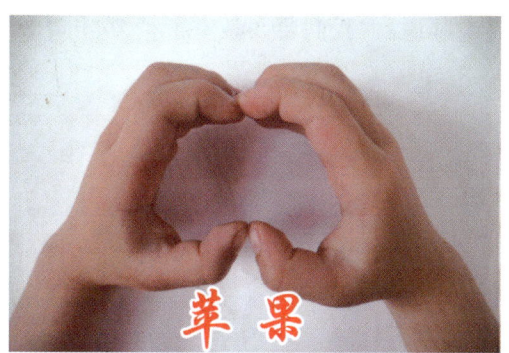

◆ 图 67 ◆ 经典手型"苹果"。

◆ 图 68 ◆ 傅幔说:"我的是红苹果。"朱静怡说:"我的是绿苹果。"老师问:"你们喜欢吃哪个苹果?"朱静怡说:"我喜欢吃绿苹果。"傅幔说:"我喜欢吃红苹果,绿苹果很酸。"朱静怡说:"我不怕酸。"傅幔说:"红苹果不酸。"

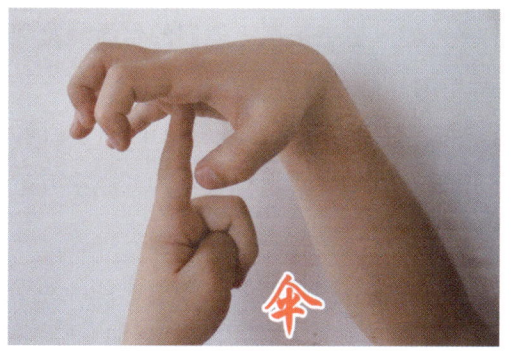

◆ 图 69 ◆ 杜淑悦说:"这是像恐龙一样高的怪兽。"邓淼旭:"石头雕像,雕了一个老虎爪子。"胡碧玲:"是一个人,采了一片树叶,遮在头上。"

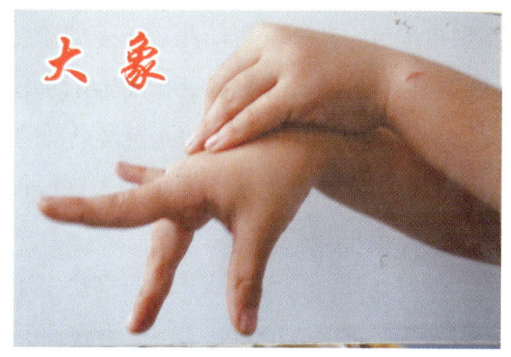

◆ 图 70 ◆ 幼儿说:"这是消防车。"还指着右侧手上的红点说:"有人流血了。"

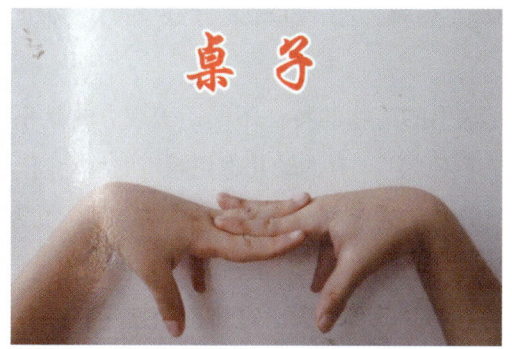

◆ 图 71 ◆ 幼儿曾创编出上百个桌子手型,这是其中之一。

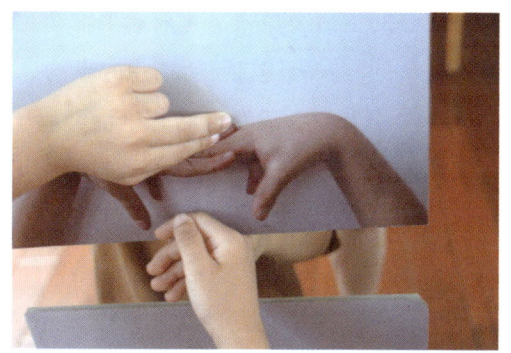

◆ 图 72 ◆ 黄妙锦猜测说:"这是桥,桥下有水的。"她右手放在桥下,说是"小鱼"。左手在桥上走,说是外公下班回家。

他们模仿着、想象着、快乐地诉说着。当老师说："我们要回教室了。"幼儿竟然一致说："老师，我还要猜。"

二、系列微教研

1. 第一次微教研。

我组织教师的第一次微教研围绕"从案例中发现了什么""案例给了你怎样的启发"这两个问题进行。

（1）从案例中发现了什么？

我发现了什么？从直观出发引导教师学会观察儿童。老师们各抒己见，思维活跃，我认真地记录他们交流的内容。

张涛老师：我发现如果一个手型不给它起名称，而让幼儿发挥想象力来猜想，答案层出不穷。我还发现幼儿对于手型猜想非常感兴趣，猜想来源于他们的生活经验和认知，从一个"门"的手型可以看出幼儿在生活中的一些经历和经验。

金莲老师：我感叹于幼儿丰富灵动的想象。每次看到手型墙，我的思维是固化的，但幼儿会有自己的想法，用手型表达得很像，也很有意思，我觉得很奇妙，原来万千世界都在幼儿的手中。

陈樱老师：我发现幼儿的身高决定了他们的观察视线和我们成人不一样，比如今天好多爸爸都变成了大肚子，如果我们大人观察幼儿的爸爸，我们看见的是他变胖了，而幼儿看见的是爸爸的肚子变大了，所以他们说"大肚子的是爸爸"。我们可以蹲下来，用幼儿的视线看看世界是怎么样的。

侯秋兰老师：我发现幼儿的想象是无穷的，所猜想的都来自于自己身边熟悉的事，会与自己的生活经验联系起来。小班幼儿也学会了思辨，如"红苹果""绿苹果"。幼儿会用故事的方式表述自己所猜想的事物。

王文娟老师：我发现幼儿生活经验不同，联想的事物的特征不同，表现方式就不同。当说起"门"，有的幼儿想到自己家里方方正正的门，有的幼儿想到超市的移动门。

王燕芬老师：我发现已往学习手型，我把幼儿的思维框死了，其实应该给幼儿发挥想象力的空间，这样他们才会变出各种各样的手型。

吴文萍老师：我发现幼儿有很多想法，很乐于去思考，去尝试，他们脑子里有很多创新的素材，比如生活中、电视里看到的，从别人那里听说的。有些东西没见过，他们会通过自己已有的经验和想象去创造一个自己认为的事物。

教师的发现主要有三点。第一，主要惊叹于幼儿的创造力和发散性思维，大家发现幼儿的想象是无穷的；第二，发现幼儿的创造源于生活经验，生活经验不同，想象、创造的内容也不同。第三，手指游戏不能固化幼儿的思维，要给幼儿发挥想象的空间。比如王燕芬老师，她虽然说得不多，但她认为以往的教学限制了幼儿的思维和行为，用固定的动作让幼儿去做固定的事情。比如侯秋兰老师，她从幼儿能够用故事来表达自己的猜想这一现象，认为幼儿在自己的年龄范围内，能够用自己喜欢的方式进行表达。吴文萍老师，她在案例中看到幼儿是喜欢思考的，她认为幼儿的想象是基于他们的思考，认为幼儿的脑子里有很多可供想象的素材，而这些素材都来自生活，来自他们听到的和看到的事物，我们老师不仅要发现幼儿的丰富想象力，而且要观察幼儿为什么会有这样的想象，了解幼儿的想象从何而来。

（2）案例给了你怎样的启发？

作为教师不仅仅只是看，更应该在看到后做深刻的思考。于是，紧接着，我们探讨了第二个问题，我们用思维导图梳理老师们的启发。

黄惠琴老师：在活动过程中，多给幼儿想象的机会，鼓励幼儿敢想、敢说、敢动手做一做，用开放性的问题去引导幼儿。比如"你觉得这个像什么，还像什么，你能用小手做一做吗？"让幼儿把好的想法跟同伴分享，并用拍照的形式记录下来。

张金老师：以往玩手指游戏，我会参考"指导用书"，让幼儿在理解儿歌内容的基础上学习手型动作，也会请幼儿创编。但是，看了这些案例，我觉得学手指游戏时，要做顺序的互换，先请幼儿根据儿歌自己编一编，玩一玩，这样一个儿歌可能就衍生出多个不同的手指游戏玩法。

蒋琳燕老师：点成线，线成面，手指游戏的学习也是如此，手型是最基础的点，儿歌是线，幼儿根据儿歌自主创想，形成独特的手指游戏。

叶彩平老师：让幼儿自己去创造手型，把不同的想法拍摄下来，最后形成幼儿创造的手指游戏书。

王文娟老师：手指游戏是我班的日常游戏，随时随地能玩，或者创编手型、猜手型，或者让幼儿用自己的方式玩。有的学过的手指游戏也可以拿出来讨论，可以创编出不同的手型，当幼儿有想法时，老师要及时捕捉并记录。

董青燕老师：以后在设计和实施手指游戏时，我会多给幼儿思考的空间，对他们的创造和尝试给予一定的鼓励，把幼儿一些好的想法及时拍下来，从而成立自己班的手型库。

陈樱老师：今后会特别注意让幼儿玩手指游戏而不是表演手指游戏。

看着思维导图上教师的启发，我们发现，大家都在思考今后如何改善手指游戏活动。但说得比较笼统，没有谈论到本质问题和具体的策略。

2. 第二次微教研。

我们认真分析了这两个案例，然后有了第二次线上微教研，教师的讨论更加具体。

（1）惊叹于幼儿丰富的想象力。

想象出爱心门、小猫门、冰棒门、蝴蝶门、花朵门、麻花门、五角星门……

把"火箭"想象成山，右边是爬上去的路，左边是下山的路……想象出"捕蝇草门"……

把"花轿"手型想象成下雨了，还想象成小板凳和很多蚂蚁……把"锄头"手型想象成"乌龟""脖子""镜子"……把"桌子"想象成桥……

（2）钦佩幼儿的表达能力。

小班幼儿把"锄头"想象成"手枪"，说"因为有个洞，可以看远处的地方，看到坏东西就砰，可厉害啦"。

大班幼儿创造"机关门"，说"走进去可不容易，要是慢慢走，就会被门夹住。人要快点跑，才能过去"。

幼儿创造了"捕蝇草门"，说"里面有小刺，碰到小刺就会关闭，再也出不来了。捕蝇草冷了就会枯萎，到了夏天就会变成绿色的，平时它们都是住在热带雨林的，在热带雨林就会好好生活，长得超大，长得壮，还可以吃超大甲虫。它吃蚊子，把蚊子关住，不让它出来。它们吃苍蝇、蚂蚁，什么都吃。门有两层，蝴蝶可以关在里面一层，如果大点的虫，关在外面一层"。

幼儿看到一个手型不会就只当作一个动作，还会想到这个动作是在干什么。这时，我们发现，幼儿将动作融入一定的情境、一定的情节，他对手指活动进行了思考。

（3）信服幼儿积极的学习状态。

教师都关注到了幼儿开心、积极的状态，这个是我没有预料到的。大家认为：幼儿在趣味盎然、轻松愉悦的氛围中，不断唤醒自己已有的经验，积极主动地思考与表达，个个都表现得投入、自信，对学习充满期待。最难能可贵的是，在此环境下幼儿不再"鹦鹉学舌，人云亦云"，而是"各抒己见，创意创想"，如小班幼儿说"这是大孔雀，因为羽毛有点长。这是母孔雀，这是它的育儿袋，宝宝放在这里"。

（4）思考手型墙的必需性。

幼儿的想象是无穷的，那墙上原来的手型范例还需要吗？大家一致认为需要。如果没有手型范例，幼儿关于手型变化的经验不够丰富，不利于幼儿创作、想象。而且对于经典手型，幼儿非常喜爱，因为经典手型让他们既有手部动作学习的机会，又有生发出无限创意的可能，他们迫不及待地去了解、去模仿、去表达，这些正是我们一直希望幼儿去体验的。所以，我们可以将原来手型图上的文字去掉，将经典手型变成素材，变成范例，启发幼儿从多角度思考，大胆创想，自由表达。

"一千个读者就有一千个哈姆雷特。"面对同样的事物，幼儿有不同的表达。手型墙给幼儿一个支点，幼儿在观察、体验、表达过程会还我们无数奇迹。

第二次微教研我们收获不小，但大家觉得还不够。其实，在实践过程中，我们弱化了对教育学、心理学的学习，才会看到幼儿一个好的创意就惊叹，而不思考幼儿行为背后的发展需求。所以，教师要加强学习，在观察幼儿的行为时，能及时改善应答策略。这样我们的微教研会更科学有效。因此我们学习了相关文章，并分析了3～6岁儿童的年龄特点，从而开始了第三次微教研。

3. 第三次微教研。

我们分小组深度学习了相关文章，并开始梳理与本次案例有关的、自己所带班级幼儿的年龄特征，随后我们进行了第三次微教研。第三次微教研更加深入，指向"专业地看见儿童"。

（1）三到四岁幼儿。

身体和动作发展：手部小肌肉有较大发展，动作逐步精细化。如在案例中小班幼儿能形象模仿出"金箍棒""很多蚂蚁""消防车"等相应手型。

认知能力：随着动作能力的发展，认知范围逐步扩大。幼儿开始形成一些与生活经验相联系的事物概念。如在案例中幼儿说到的"学校的门""家里的楼梯门"都是生活中见到的门。

语言发展：在游戏或遇到问题时，幼儿常会自言自语。如潘峻宇走到蜗牛手型前，边模仿边自言自语："这是蜗牛，这是头，这个是壳，壳是可以睡觉的，睡觉时头就到壳里来。"说完，他模仿动作：把触角缩了回来，紧紧挨着壳。

社会性发展：逐渐能和同伴一起玩。如陈居易和刘俊宇一起完成了"蜜桃门"，陈居易做门，刘俊宇还尝试按密码。

艺术表现方面：具有了艺术表现的愿望，常会对自己感兴趣的事物做过于夸大的表现。如潘峻宇把"锄头手型"想象成自己喜欢的手枪，说："这是手枪，是炮击手枪。"他边说边用手模仿。

（2）四到五岁幼儿。

身体和动作发展：手指动作较灵活。如幼儿能灵活地做出"花朵门""西瓜门"等。

认知能力：思维活跃，主要依靠事物的具体形象或表象进行思维，想象力丰富，对事物的理解能力开始增强。有时会将实际生活变成想象。如杨景腾把"刺猬手型"想象成地球，他边演示边说："这圆圆的是地球，这个竖着、竖着、竖着、竖着的（四个手指）是太阳光。"他指着大拇指说："这是地球上的房子。"

语言发展：能独立地讲述故事和描述事件。如宋雅涵说："我做的是西瓜门，里边有很多很多西瓜，人要吃水果，打开门就进去。"说完，她就把下面的大拇指分开了。

社会性发展：喜欢和同伴共同游戏，合作行为明显增多。如中班的侯懿贤、潘俊熙、张晨炫合作完成了"风车门"等。

（3）五到六岁幼儿。

身体和动作发展：精细动作机能得到较大提高，能够自如地控制手腕和手指动作。如大班幼儿能自如地表现"电梯门""车站门""大酒店的门"等。

认知能力：喜欢需要动脑筋和富有创造性的活动。如幼儿想到了五个人组合的转动门。

语言发展：语言表达能力明显提高，能较清楚、连贯，甚至有表情地描述事物，讲述生动、形象。如牟羽清和蒋承烯合作表现的"捕蝇草门"，他俩结合大班科学活动"植物趣闻"里捕蝇草的特点，把他们变的"捕蝇草门"描述得生动形象。

幼儿能参加讨论，能自信地表达个人的观点和主张。其实小班幼儿就会与同伴讨论，坚持自己的想法。如两个小班幼儿在学"苹果"手型时，一个说："我的是红苹果。"另一个说："我的是绿苹果。"他们展开了关于哪种苹果酸的话题。

社会性发展：合作意识增强。大班幼儿两人合作完成的门有多个；三人合作完成的门也不少，四人和五人合作的作品也有一些。

第一次和第二次微教研没有结合理论进行，我们只是凭直觉、就事论事地剖析案例。作为教师，要有两大智慧，实践智慧和理论智慧，两个智慧交融的程度决定了我们行走的宽度和高度。在手指游戏前期探索中，我们实践智慧的作用凸显了出来，在后续研究中，我们要提高自己的理论素养和自信。所以，第三次微教研，我们从改变教师在课程实践中的角色入手，强化理论学习，并结合实践，改变了教师单一的执行者角色。我们通过学习幼儿的年龄特征，不断提高教师的分析能力，学会用所具备的理论素养分析、表述实践案例，在这个理论和实践结合的过程中形成自己系统的教育思想。

当教师自己寻找理论方面的学习素材比较困难时，我们就直接推荐相关的内容，如关于幼儿年龄特点的学习内容。这样教师就不再凭借感觉说自己的所见所思，也不会仅仅停留在表述案例带给自己的感受上，而是通过学习了解幼儿的年龄特点和学习特征，并结合自己平时的点滴发现，从案例的各个角度进行分析，这样的剖析有深度，表达有内涵。我们的微教研不仅指导幼儿玩，还要了解幼儿怎么玩并指导幼儿在玩中获得发展。

当然，光有学习还不够，还要将所学应用到实践中去。所以，当我们通过学习和分析更加了解幼儿,当对这个案例有更多深入思考的时候,我们就学着放手,让幼儿自主游戏。教师放手之后能更好地观察、解读游戏,更好地尊重幼儿。我们把"接下来手指游戏可以怎样做"的话题抛给了教师,让不同年龄段的教师借助案例来完善自己的教育观念和行为,并探索手指游戏在课程游戏化背景下如何改善的最佳路径。如集体活动"白石塔"、区域活动"光影游戏"、游戏活动"我的小手也睡了",请老师们自主加入感兴趣的小组进行实践和研究。比如,分析"白石塔"这一集体活动的优劣:原来怎么做的,好在哪儿,可以改善的地方在哪儿,并在此基础上生成新的活动,再分析新的"白石塔"活动是否有了集体活动的自主性、开放性,给了幼儿怎样的学习机会和引导,这样我们的探索也就不再是散状的点。又如,在手型猜想的基础上,我们尝试开展"看图变变变"创意活动,支持幼儿的探索兴趣,探索引导幼儿深度学习的途径。游戏的对象不局限于只是幼儿,而是扩大到了教师、家长,并用视频的方式记录大家的活动轨迹。

第二节 我的小手也睡了——会构思有创意的孩子

"我的小手也睡了"是我园小班、中班、大班幼儿都喜欢的一个手指游戏,教师开发设计了五种玩法。第一种:自由出手指点五官;第二种:用规定的手指或手部动作点五官;第三种:同伴合作互点五官;第四种:指定一个物品,如"猴子",幼儿做相应手型,老师或同伴去点物品;第五种:幼儿自己想一个物品并做出手型,让老师或同伴去点物品。这五种手指游戏方法,从简单到复杂,幼儿不断挑战自我,一直在给自己的大脑做体操。幼儿喜欢这个手指游戏,教师也会有成就感。

随着研究的深入,我发现这个手指游戏的五种玩法都是教师的设计,是教师赋予这个规则游戏具体的玩法,似乎缺少了幼儿的想法。如何让幼儿成为游戏的主人?游戏规则是否可以由幼儿来制定?当我提出这个教研想法时,许多教师也有这样的想法,我切实感受到我们的微教研在改变教师。

因为许多教师对"我的小手也睡了"这个手指游戏有了一定的思考,所以我决定本次微教研采用实例研究,就是在实地观察中观察和回应。

一、第一次微教研

1. 实地观察。

第一次微教研时,我们请老师实地观察美美班(小班)手指游戏"我的小手也睡了",我记录游戏过程。

玩法一:老师神秘地说出身体某个部位的口令,比如"眼睛""鼻子""嘴巴"等,幼儿任意伸出一个手指,一边快速点相应部位,一边说"睡了",然后很夸张地一下子就躺下。

◆ 图1 ◆ 老师说"头发",幼儿任意伸出一个手指点头发。

◆ 图2 ◆ 幼儿边说"睡了",边快速躺下做睡觉状。

◆ 图3 ◆ 老师说"耳朵",幼儿握拳,并任意伸出一个手指点耳朵,边说"睡了",边快速做睡觉状。

老师随机说出口令"眉毛""嘴巴""眼睛""小手"……老师说哪,幼儿就任意用手指点哪。除了老师发口令外,也可以用"石头剪刀布"的方法决定由哪名幼儿发口令。

◆ 图4 ◆ 通过"石头剪刀布"方法,潘峻宇胜出,他坐到幼儿对面,开始发口令"头发",其他幼儿用手指点着头发边说"睡了",边倒下做睡觉状。

◆ 图5 ◆ 潘峻宇说"耳朵",其他幼儿点着耳朵,边说"睡了",边倒下做睡觉状。

玩法二:游戏开始前,先说用哪只手的哪个手指,然后再神秘地说出身体某个部位,幼儿就用这个手指点口令所指的部位。比如口令员先说"用左手的小指",幼儿就伸出左手小指;口令员再说"眼睛""耳朵""嘴巴",幼儿就用左手小指快速点相应部位,然后一边说"睡了",一边很夸张地一下子就躺下。

◆ 图6 ◆ 潘峻宇说"换大拇指",其他幼儿伸出左手大拇指或右手大拇指。

◆ 图7 ◆ 潘峻宇接着报"头发",其他幼儿边点头发边说"睡了"。

◆ 图8 ◆ 潘峻宇说"眉毛",其他幼儿用大拇指点在眉毛上,并说"睡了"。

玩法三:可以用指定的手指点小伙伴身体的指定部位,可以两两结对玩手指游戏,也可以全班幼儿一起玩,幼儿用指定的手指点任意同伴。

◆ 图9 ◆ 如幼儿伸出大拇指,当听到说"头发"时,幼儿就用大拇指点小伙伴的头发。

◆ 图10 ◆ 用小指点小伙伴的嘴巴。

玩法四:口令员先说一个物品,幼儿自己创意这个物品的手型,听到口令"睡了",幼儿的手型快速躺下。如口令是"小兔",幼儿自己创意好自己的小兔手型,当听到口令"睡了","小兔"快速躺下。

第三章
手指游戏区

◆ 图 11 ◆ "握拳伸出大拇指"是图中左边第二个男孩做的乌龟手型,当听到"睡了",他就把大拇指缩进拳头里,他说小乌龟是缩在壳里睡的。

如口令是"乌龟",幼儿自己创意好自己的乌龟手型,每个人的手型都不相同,当听到口令"睡了","乌龟"快速躺下。

◆ 图 12 ◆ 老师说可以随便报一个小动物,一名幼儿说"鳄鱼",然后大家都变各自的"鳄鱼"。听到"睡了",每条"鳄鱼"都快速躺下,有的幼儿说是躺在河里睡的。

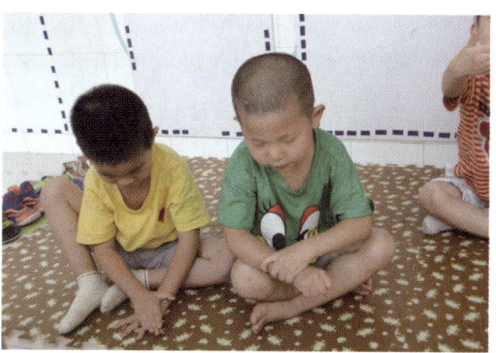

◆ 图 13 ◆ 左边小男孩一只手五指张开,一只手做鳄鱼状躺在上面,说:"鳄鱼在荷叶上睡的。"

◆ 图 14 ◆ 老师说:"夏天到了,每天都要洗澡,谁能变个水蓬头?"每个幼儿都有来于生活经验的创意。

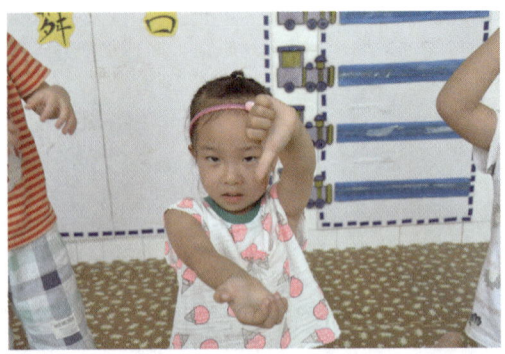

◆ 图 15 ◆ 小女孩的水蓬头。

◆ 图 16 ◆ 小男孩做出他的水蓬头。

◆ 图 17 ◆ 合作做水蓬头。

玩法五:幼儿自己设想一样东西,可以是小动物,也可以是物品,并做好相应的手型,然后逐一向大家介绍,比如,有的幼儿做"孙悟空",有的幼儿做"剪刀",有的幼儿做"小猫"。幼儿做好手型后,老师点相应的手型,如老师点到"孙悟空",做"孙悟空"手型的幼儿就快速应答"睡了",并立刻躺下。

◆ 图 18 ◆ 孙悟空睡了。

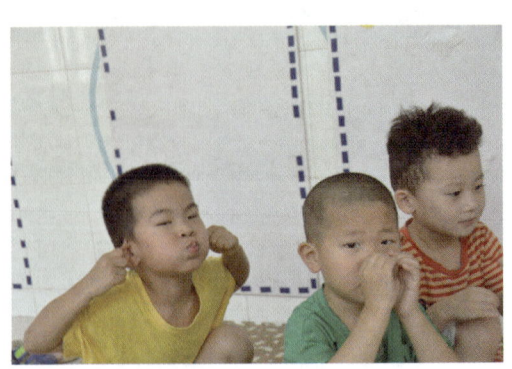

◆ 图 19 ◆ 猪八戒睡了。

第三章
手指游戏区

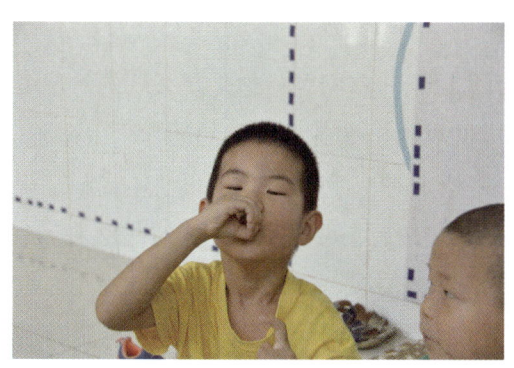

◆图20◆ 茶杯睡了。

◆图21◆ 幼儿喜欢这个游戏，在玩的过程中，每次一个指令出来，他们会很认真地快速反应，等一个指令结束，幼儿就会开心得笑成一团。

每每看到幼儿开心的样子，我就会想，他们为什么会喜欢这个游戏？无论是小班、中班，还是大班的幼儿；无论是在游戏时间，还是在放学前；无论是在手指游戏活动区，还是在散步的路上……夸张的语气和睡姿带给幼儿的乐趣，应该是原因之一；需快速反应的挑战，应该也是原因之一……

2. 讨论分析。

在实地观察小班幼儿玩手指游戏"我的小手也睡了"之后，我请全园教师对该规则游戏进行剖析，并思考自己的班级可以改善的地方。

王文娟老师：我带的是小班，该案例中的五种手指游戏方式是循序渐进的，难度层层递进，是老师有计划有组织进行的游戏，幼儿在其中也有自己的创造，但主要还是跟着老师的思路走。怎样让小班幼儿自主地玩手指游戏呢？我觉得要先给他们一个已有的玩法，因为模仿是幼儿擅长的学习方式，比如老师可以和幼儿以第一种方式进行游戏，一个阶段之后幼儿在模仿的基础上会创造出第二、第三种游戏。老师可以预设目标，但要跟着幼儿的兴趣走。幼儿是怎么玩的，出现了哪些问题，怎么办，都可以通过集体讨论的方式解决。这个过程就是培养幼儿的创新意识，让幼儿自己去探索游戏的方式，一段时间下来再看幼儿有哪些改变。

张涛老师：我带的是中班，我认为要把"老师的游戏"变为"幼儿的游戏"，必须让幼儿成为游戏的主人，教师可以加入到幼儿中间，提供原先的玩法，让幼儿模仿游戏，并讨论探索还可以怎么玩，引导他们在原来玩法的基础上玩出新花样。

姜秀秀老师："老师的游戏"，以老师的想法为主，而要变成"幼儿的游戏"，就要以幼儿的想法为主。我带的是中班，我认为可以先介绍几种老师的玩法，比如老师指定幼儿用哪个手指点身体部位的玩法，先玩一遍，再由幼儿自己自由发挥，让他们自己玩，自己制定游戏规则，最后讨论交流谁的玩法多、哪一种玩法好玩，并把好的玩法保留下来。

侯佳老师：我带的是中班，首先，我和幼儿讨论一些问题，你是怎么玩的？还可以怎么玩呢？其次，根据幼儿的想法提供相应的材料，如各种物品的图片、手型画、头饰、手偶材料等。再次，可以自由组合，进一步商量、完善游戏的玩法（或制定规则），对这些讨论出来的材料加以取舍或者再创造。最后，可以邀请别的幼儿也来玩一玩自己创编的好玩的游戏形式。

张静老师：我带的是大班，在玩游戏之前，我只是提出玩游戏，关于如何进行游戏，有什么规则，需要用到什么材料都由幼儿自己讨论制定，游戏的方式、地点和材料都不受限制，我只要跟随幼儿的脚步去记录和观察就可以。如果在游戏过程中遇到困难，我再和幼儿一起探讨，看看有什么解决的办法。

莫玲英老师：幼儿熟悉一个新游戏之后，就会自主玩，并产生一些新的游戏规则。我带的是大班，在今后实施的过程中，第一步，问问幼儿想怎样玩游戏；第二步，引导幼儿把想法跟同伴玩一玩；第三步，幼儿制定规则并当小老师，和大家分享新玩法。

在讨论中，我们不断地分析着教师的想法，分析教师的教育价值取向，希望问题由教师发现，希望游戏优化由教师通过自己的智慧进行，更希望教师发现问题之后可以做得更好，这样，我们的微教研就有了价值。

二、第二次微教研

第二次微教研我们还是采取两种方式进行。

1. 实地观察。

与上次不同的是，这次由张金老师组织大班幼儿玩"我的小手也睡了"，我记录了实践过程。

◆图22◆ 幼儿回忆规则。

◆图23◆ 重温规则后，幼儿开始玩游戏。

基于前期经验,游戏从回忆规则开始,幼儿简单梳理出以往的规则有:第一,要有发令员;第二,根据发令员的口令指出相应的部位;第三,每一次说"睡了",参与游戏的幼儿要做出"睡了"的姿态。

重温规则后,幼儿开始游戏。在游戏中,不仅有关于身体各部位的口令,而且结合大班幼儿的年龄特点加入了"左手睡了""右眼睡了""左眉毛睡了"等认识左右的学习内容。

开始部分的复习和以往一样,虽然好玩、有趣,但是都是老师给的,游戏里没有幼儿的创意与创想。随后,教师抛出话题,请幼儿讨论:"你还想怎么玩?"

(1)一个男生、一个女生合作玩。

◆ 图24 ◆ 任艺馨选择了张鑫豪做搭档,尝试"一个男生、一个女生合作玩"。

徐琳娜说:"刚才我们是坐在椅子上玩的,其实可以坐在地上玩。"

"可以和好朋友玩。"任艺馨说,"我们可以一个男生和一个女生合作着玩。"

同伴和老师接纳她"一个男生、一个女生合作玩"的建议,鼓励她试试,于是她选择了张鑫豪做搭档。任艺馨发令:"鼻子。"张鑫豪随即说"睡了",并将头倒于右侧。两人依次进行了"鼻子睡了""嘴巴睡了"等多轮游戏。

◆ 图 25 ◆ 游戏结束，他们分享了自己定的游戏规则。
◆ 图 26 ◆ 规则图。

规则一：我们有 8 个男生和 8 个女生，一个男生和一个女生为一组。

老师问为什么，任艺馨说："因为刚才我点了，正好 8 个男生、8 个女生，所以可以一个男生和一个女生合作玩。"

规则二：两个人都坐在椅子上，一个人说，一个人做。

规则三：说到左边就往左边睡，说到右边就往右边睡。

（2）伙伴交换着玩。

◆ 图 27 ◆ 在小伙伴的启发下，殷孜涵和张俊跃跃欲试。首先，殷孜涵分享了他们两个人的游戏方法，即：殷孜涵报到哪个动物，她的伙伴就把动物变出来，然后说"睡了"。

◆图28◆ 张俊小组的规则图。

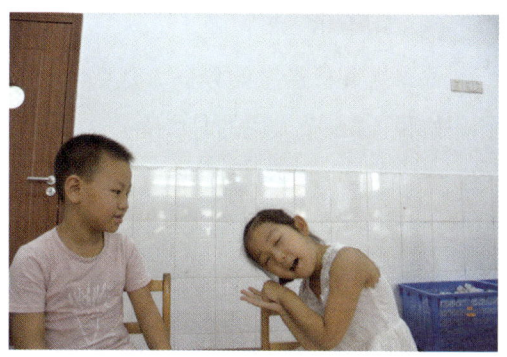

◆图29◆ 张俊和殷孜涵演示游戏。

这组小搭档一共整理了四个规则，张俊解读："规则一，我们是一个人说，一个人做。规则二，说一个动物，做的人要马上把动物手型做出来。还有一个规则，这个游戏只能两个人玩，如果多人玩的话会很吵。"殷孜涵补充说："我们还有一个规则是交换着玩。"

随后，他们尝试交换游戏，张俊说出兔子、大象、鸭子、老鼠等动物，殷孜涵根据口令做出相应手型。

（3）我变手型你来猜。

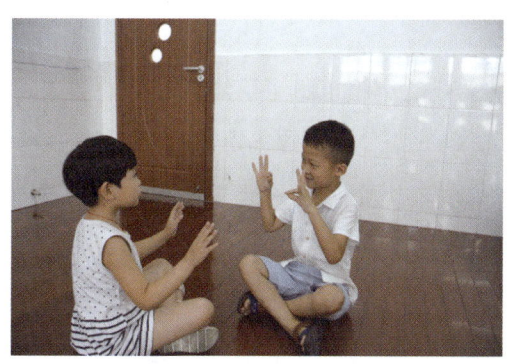

◆图30◆ 赵雅旖旎和陈顺平演示游戏。

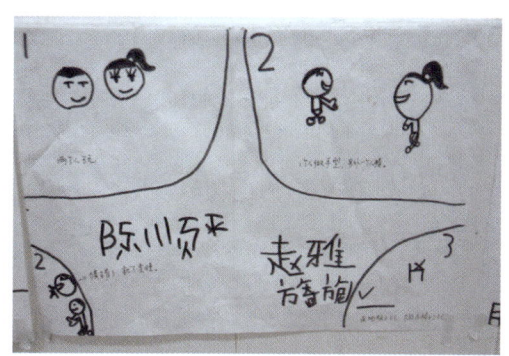

◆图31◆ 赵雅旖旎小组的规则图。

赵雅旖旎和陈顺平也进行了分享。

赵雅旖旎说："我想的是一个人随便做一个手型，另外一个人猜测手型表现的是什么，猜出来了就说'睡了'。"陈顺平心领神会，两个人坐在地上玩了起来。陈顺平变出孔雀手型，赵雅旖旎猜出"孔雀"，并说"孔雀睡了"。随后，陈顺平变出大象、小猴等手型，赵雅旖旎一一猜测。

从幼儿的介绍中，我们了解到几个规则：第一，一名幼儿做出手型后，另一名幼儿要猜手型表现的是什么，猜对了，就说"睡了"，猜不对就不能"睡"，还要再想。第二，要坐在地上玩，不能在椅子上玩。

（4）用手拍一下再睡。

徐琳娜和徐浩宇的分享，有点与众不同，他们两人创造"睡了"的动作比较特别。徐琳娜说："一个人说的时候呢，必须先用手拍一下再睡下。"随后，她进行了演示。

◆ 图32 ◆ 徐浩宇发口令"鼻子"。徐琳娜说："也可以先摸一下，再拍手，然后睡下。"说完，她双手摸了下鼻子，拍了下手，最后做睡觉状。

◆ 图33 ◆ 徐琳娜小组的规则图。

幼儿介绍：第一个规则，坐在地上。第二个规则，可以先拍再摸然后睡，也可以先摸再拍然后睡。第三个规则，睡的时候可以躺在地上，也可以不躺。

（5）两手一起玩。

张昱豪拉上了汪宇杰，想要玩别出心裁的"我的小手也睡了"游戏，他们会成功吗？大家都拭目以待。张昱豪："我说'睡了'，汪宇杰就两只手一起做。"说完，他还举了个"老鼠"的例子加以说明。原来，口令员报出"老鼠"，对方的两只手都要做出"老鼠"的样子。

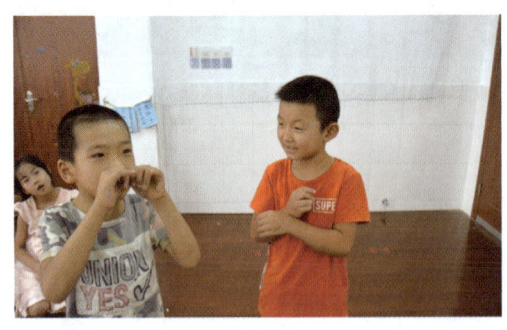

◆ 图34 ◆ 汪宇杰报了"大象"口令，张昱豪双手变出大象。

◆ 图35 ◆ 汪宇杰小组的规则图。

幼儿介绍这个游戏有三个规则：第一，要交换说。第二，要两只手一起做。第三，要往一个方向睡。

（6）三人合作玩。

◆图36◆ 张欣妍、关永涵、汪语涵演示游戏。

张欣妍、关永涵、汪语涵三人决定站着玩。一个人报口令（右一），一个人变出动作（中），还有一个人做动作并加声音（左）。

他们每人轮流报了一次口令，并分享了如下规则：第一，站着玩。第二，三个人玩，一个人说，一个人做动作，一个人发出声音并加上动作。

（7）你出手型我变物品。

◆图37◆ 蒋佳涵和毕月演示游戏。　　　　◆图38◆ 蒋佳涵小组的规则图。

蒋佳涵说："如果毕月做数字八，我就做手枪，哒哒哒！"老师追问："为什么要变手枪呢?""因为手枪是两个八。"她接着又说:"如果毕月做剪刀,我就变兔子……"随后,他们两个相继玩了"两个六变小牛,两块石头变机器,两个九变喜鹊……"等游戏。

他们制定的游戏规则又是什么呢?第一个规则,要坐在地上玩。第二个规则,一个人做了手型之后,另一个人要会联想。

(8)三个人坐在椅子上玩。

◆图39◆ 四人小组演示游戏。

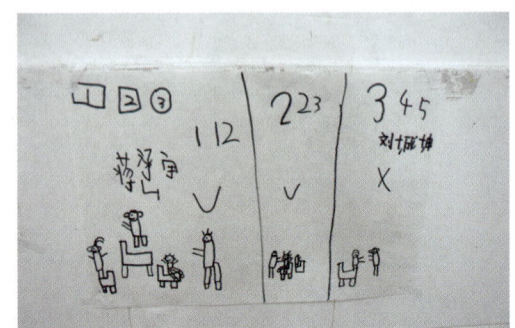
◆图40◆ 蒋涵宇小组的规则图。

蒋涵宇带来了他的创意小组,同时他们还搬来了三张椅子,并摆成了"抢椅子"的情景。一个人站着说口令,三个人坐在椅子上。蒋涵宇是口令员,他说:"孔雀。"其他三个人立刻回应:"孔雀睡了。"随后,又玩了小狗、大象、乌龟等睡了的游戏……

他们介绍了游戏规则:第一,要有三张椅子。第二,四个人玩,一个人喊口令,三个人坐在椅子上不要动,只做手型。第三,如果一个人想不出那个手型,没关系,可以换一个。第四,三个人不能并排坐,这样就不会相互照着别人做了。

(9)小手刷牙了。

◆图41◆ 小手刷牙了。

◆图42◆ 小手穿衣服了。

当我们把球抛给幼儿，幼儿创意大爆发：小手，刷牙了；小手，梳头了；小手，穿衣服了……在游戏中，幼儿遵守规则，玩出了各种花样，玩出了乐趣，更玩出了同伴合作的快乐。

每种创意玩法，都有幼儿自己商定的规则；每种玩法和规则，都张贴在墙上，幼儿可以自由选择……

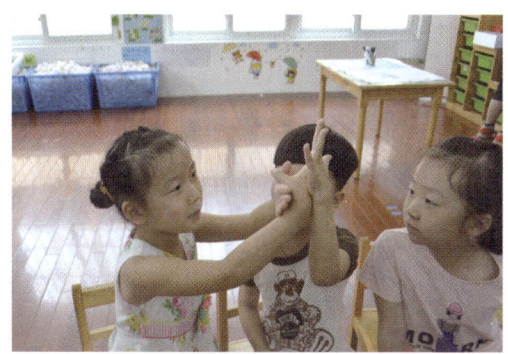

◆ 图 43 ◆ 小鸟回家了。

◆ 图 44 ◆ 一名幼儿做荷叶手型，另一名幼儿一只手做青蛙，一只手做小蝌蚪……"青蛙在上面睡了，小蝌蚪在下面睡了"。

幼儿喜欢自己创意的玩法，也特别喜欢同伴创作的玩法。他们尤其喜欢这一种：一个幼儿做"树"手型，说"小树长高了"，另一个幼儿做大树上的"苹果"，然后说"苹果在大树上睡了。"或者，一个幼儿做"大树"手型，另一个幼儿做"小鸟"，并说"小鸟在大树上睡了"。

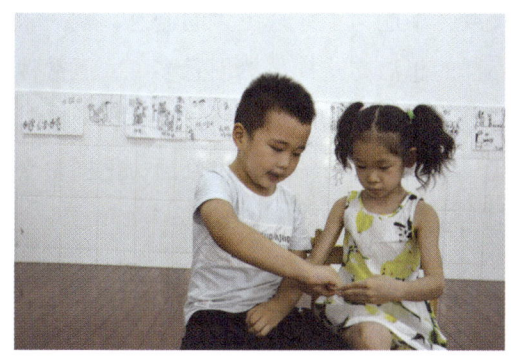

◆ 图 45 ◆ 一名幼儿做球门，另一名幼儿做足球，并说"足球睡了"。

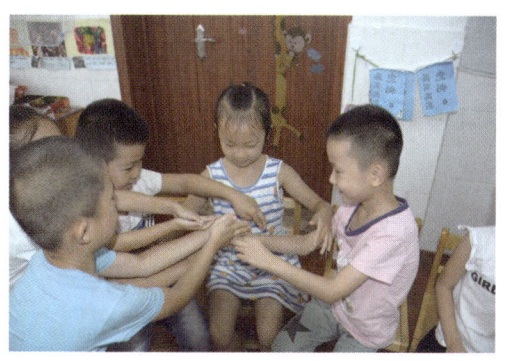

◆ 图 46 ◆ 一名幼儿做小河，其他幼儿做"小鱼睡了。"

2. 讨论交流。

教师用适当的策略，引导幼儿自主地、创造性地玩规则游戏，这种体会和发现，对我们最有帮助。所以，举一反三，我们很多自主性不够的规则游戏，以这个游戏实践为例，尝试改变它们。

（1）教师提出改变游戏的策略。

先请幼儿玩熟悉的游戏。熟悉的游戏，其规则是幼儿默认的，请幼儿说说规则是什么，再玩一玩，然后再尝试是否可以变个法子来玩。把变规则的球抛给幼儿，引发幼儿思考。

用幼儿的智慧设计规则。幼儿改变规则，玩法就不再来自于教师的命令，而是来自于幼儿的智慧。幼儿会想：我可以怎么玩，规则是怎样的，如果几个人玩又该如何做。这个幼儿变出一种方法，那个幼儿也变出一种方法，他们在变出新方法后，既互相交流，又用标记或图案作记录，还与之前的玩法做比较。

改变规则就是改变游戏的结构，规则来自于幼儿，规则又为幼儿所用，高结构游戏就变成了低结构游戏，教师的游戏就变成了幼儿的游戏，游戏的教育价值就变大了。

教师做适当的点拨。教师不要把预先设计的游戏，一步一步让幼儿学习，而要在游戏过程中适当地点拨，引导幼儿生成种种游戏玩法。

我们看到，幼儿把原来很经典、很古老的一个手指游戏，玩成了真正意义上的自主游戏。也许游戏没有层次性，也不是从易到难的，但玩出的是一种想法，有想法就有思维过程，就有促进幼儿思维发展的意义。

（2）如何把握游戏创新或改造的尺度。

不同班级的幼儿改变的游戏不一样。同班级的幼儿两次玩的游戏也会不一样，所以在游戏创新过程中，教师要特别注意把握尺度，不能为了体现更多的创意，就一味追求游戏的变化，一味追问幼儿还有什么不一样的想法，这样虽然创意多了，但常常会打断幼儿，让幼儿在新游戏中没有玩尽兴，无法真正带给幼儿帮助和影响。所以，教师要根据幼儿活动的状态，以及生发的游戏规则和玩法价值来作出判断，把握整个游戏的节奏，幼儿觉得好玩的创意，可以多玩几遍，玩的时间长一点。

第三节　有趣的光影——会拓展有变化的孩子

在多年的手指游戏研究中，幼儿从模仿基本手型到创意玩法；从自己玩到多方合作玩；从单纯手指游戏到与儿歌、歌曲以及物品结合玩，形成了创意手指游戏活动内容的多元呈现。手指游戏与光、影的结合是多元手指游戏中幼儿最喜欢的一种玩法。伴随其中的微教研也是一次次幸福之旅。

一、第一次微教研

有一次出差北京，有幸观看了一场手影戏。这门古老的艺术深深吸引了我，它靠手部动作的变化，形成各种不同的影像，灵动的十指，表现出天上飞、地上跑、水里游的动物，惟妙惟肖、栩栩如生，充满童真、溢满想象。

观看的现场启发了我，我发现我们的手指游戏有了新的研究方向。回到幼儿园，我和老师们交流时，大家说到在幼儿的启发下，已经有手指游戏和光影结合的玩法了。我佩服幼儿的创造力。第一次的微教研开始了。

首先，搭建简易光影馆。我们在教师餐厅搭建像墙那样长的蓝色幕布，这就是简易"光影馆"，它为幼儿平日里玩光影游戏开辟了新天地。

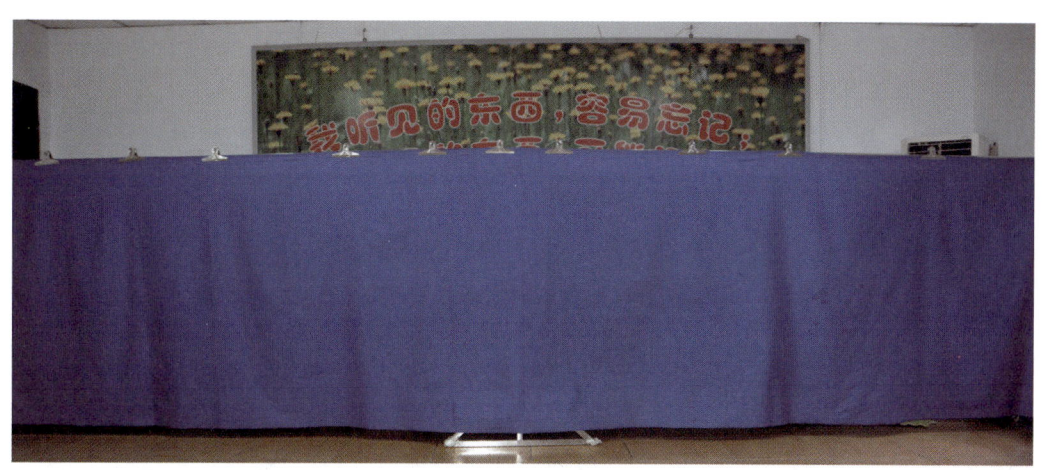

◆ 图1 ◆ 蓝色幕布和手电筒，构成了简易光影馆。

我们列出了各班进入简易光影馆玩手影的安排表。在规定的时间，幼儿可以到这里玩。

◆ 图2 ◆ 幼儿两两合作，一名幼儿打手电筒，把光投射到蓝色幕布上，另一名幼儿做手影。两人还可以交换。

◆ 图3 ◆ 在公共区域，我们打造了光影墙。每个季节，太阳光照射的角度不同，幼儿就选不同的时段到光影墙前玩手影游戏。

此后，我组织教师进行讨论。大家一致认为，借助光影来玩手指游戏，增加了手指游戏的活动方式趣味性。但是，老师们提出，整个幼儿园只有两个玩光影的地方，一个是简易光影馆，另一个是室外的光影墙。这两个固定的场地，每个班一星期只能安排一次。另外，这两个光影环境是幼儿园设计的，班级没有参与，幼儿被动安排，缺少幼儿的影子。他们认为，只要有光，就有影子，可以随时随地玩。

二、第二次微教研

在第一次微教研的基础上，我们第二次微教研开始了。

1. 多方参与，创设光影环境。

光影道具，玩光影的场所，不再是由幼儿园园部确定，班级、家长和幼儿都参与创建，幼儿随时随地玩光影游戏。

◆ 图4 ◆ 草莓班（大班）制作了光影游戏柜，手电筒竖在下面，四周用布围起来，可以单独玩，也可以合作玩。

◆ 图5 ◆ 葡萄班（大班）家长们也参与到光影游戏中，亲子共制游戏道具"光影房子"。

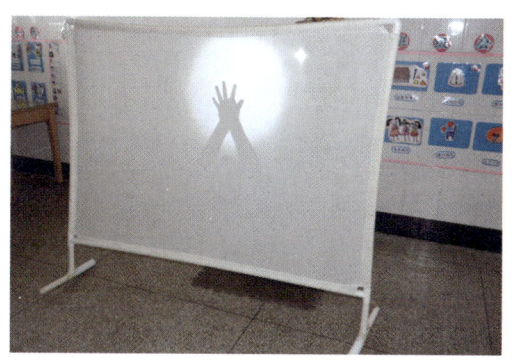

◆图6◆ 有的班级有了皮影幕布支架。

◆图7◆ 有的幼儿发现投影上可以玩光影游戏。

2. 主动表达，分享光影故事。

老师创设了"光影故事时光"，请幼儿讲述自己平时是怎么玩光影游戏的。

姚泽凯说："我是用手电筒照在手上玩的，手上有好多小点点。"马萱晨说："我把小手贴在墙上，看到墙上有我小手的影子。"赵欣怡说："我把手电筒光照在地上，然后把手放在上面，就能看见了。"龙正轩说："我是照在板凳上，板凳上也有影子。"杨舒涵说："我是照在黑板上的，一只手拿手电筒，一只手做小兔子。"

◆图8◆ 汤家豪说："我用腿夹住手电筒，在地上玩的。"老师问为什么要用腿夹住手电筒，汤家豪说："因为我想用两只手玩。"

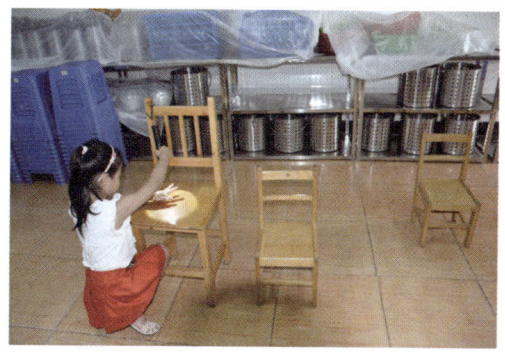

◆图9◆ 尤庆玮说："我是在家里玩的，我哥哥把灯关掉以后，我蹲在床上，然后用手做，我做完了，哥哥把灯打开。我还在凳子上面玩过呢。"凳子上到底怎么玩呢？她立马就地取材找来凳子和手电筒，一只手打光，另一只手在光圈里做各种动物手型。

◆ 图 10 ◆ "如果要变出两只孔雀该怎么办呢?"一旁观察的老师好奇地问。"只要把手电筒绑在椅子上就可以了。"于是,她又找来一根绳子,将手电筒固定。如此一来,在椅子上玩光影游戏就得心应手了。

◆ 图 11 ◆ 王韬跑到 1 号教学楼大镜子前玩光影游戏。

她的分享唤醒了小伙伴对光影游戏的所有记忆,大家争先恐后地想表演手指游戏。

王韬跑到 1 号教学楼大镜子前说:"我在镜子上玩的,我做各种手型,在镜子里面看。"

老师问:"为什么要看镜子里面?"

他用经验告诉大家:"看镜子里面的手型,可以更清楚,还可以看到我自己的表情呢。"

◆ 图 12 ◆ 魏子墨邀请左瑞瑞在太阳下玩光影游戏"龟兔赛跑"。

◆ 图 13 ◆ 张鑫豪借助老师的手机玩手指游戏。

魏子墨的游戏经历和上面的幼儿不一样。她在家门口玩光影游戏,她弟弟、爸爸、妈妈都参与了,在玩"龟兔赛跑"时,她做兔子,弟弟做乌龟,妈妈在旁边帮着说故事,爸爸在旁边加油鼓劲,是"全家总动员"。

同时,她还分享了玩"老虎和灰兔"的经过:"我们教室外面的地上,有太阳照着,就可以玩。"随后,她邀请好朋友左瑞瑞在太阳下玩光影游戏"龟兔赛跑"。她用一双会发现的眼睛,一颗会玩的心带给了同伴不一样的游戏体验。

张鑫豪最爱玩的游戏是"老虎和灰兔","我自己打开手机,把手机放在一个地方,拿一个东西撑住,不让它掉下去。"

这个怎么操作呢?老师拿出手机,让张鑫豪当场演示。原来,他是运用手机的自拍功能,自己对着手机玩手指游戏,真是妙不可言。

◆ 图14 ◆ 顾闵淏说:"我在紫荆公园对着墙,有太阳照着,我自己用手去玩的。"接着又说:"我们幼儿园滑滑梯那里的围墙上也可以玩。"随后,他在墙上玩"孔雀"的光影游戏,其他幼儿纷纷效仿。

◆ 图15 ◆ 梁金旭带来了凉席上的手指游戏。

◆ 图16 ◆ 吴烜垚说:"用爸爸手机里的手电筒在墙壁上也可以玩光影游戏,很有意思哦。"老师请他找同伴一起演示。

◆ 图17 ◆ "老师,桶里也能玩。"循声望去,原来是董圣洁又有了新创意,只见她请好朋友帮忙打手电,在桶里玩起"手型变变变"游戏。

有图有真相:
一个幼儿园园长的微教研

◆ 图 18 ◆ 幼儿还演示合作玩。董圣洁邀请王韬打手电筒,说:"我会在桌上玩。"随后,她在桌上玩起"老虎过生日"的光影游戏。

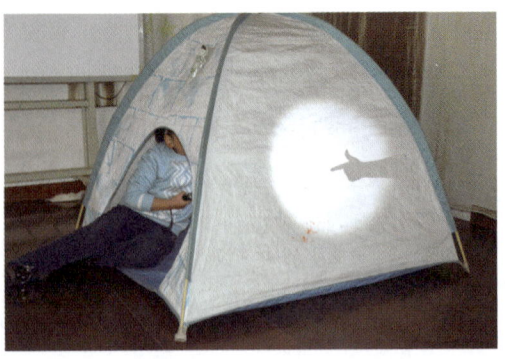

◆ 图 19 ◆ 马萱晨和杨舒涵在帐篷里玩光影,马萱晨打手电筒,杨舒涵做手型。

◆ 图 20 ◆ 马天逸和姚泽凯在墙上玩光影游戏,姚泽凯打手电筒,马天逸做孔雀、老虎、蜗牛、小狗手型。

◆ 图 21 ◆ 汤佳豪、孙景涵、龙正轩三个人一起在地面上玩,老师问:"你们为什么要三个人一起玩呢?"汤佳豪说:"我们想做五个动物手型,这五个小动物要去海边旅游。"

◆ 图 22 ◆ 瞧,幼儿在不锈钢桌子上也玩起了超级光影游戏。

◆ 图 23 ◆ 在垫子上玩超级光影游戏。

第三章
手指游戏区

◆ 图 24 ◆ 在白纸上玩超级光影游戏。

◆ 图 25 ◆ 在墙壁上玩超级光影游戏。

◆ 图 26 ◆ 在门上玩超级光影游戏。

◆ 图 27 ◆ 哇,天花板上也能玩光影游戏。

◆ 图 28 ◆ 甚至,在书本封面上也能玩光影游戏。

◆ 图 29 ◆ 伞上也可以玩光影游戏。

◆ 图 30 ◆ 在沙盘里玩光影游戏。

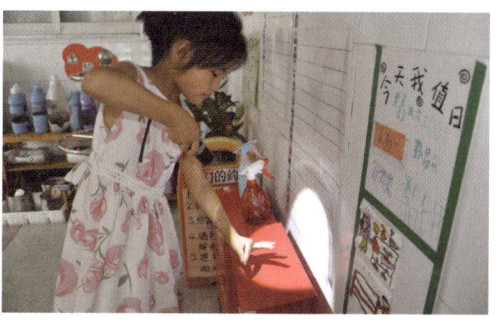
◆ 图 31 ◆ 哇,在灭火器上玩,太牛了。

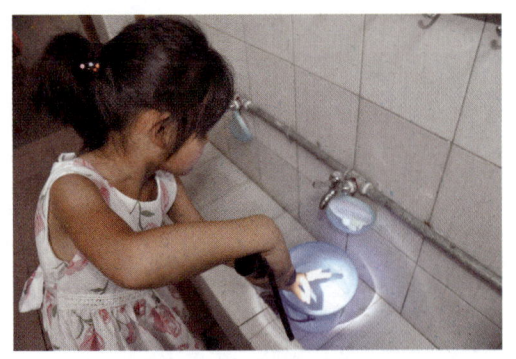 

◆ 图32 ◆ 水盆的水面上也能玩光影游戏。　　◆ 图33 ◆ 还有在叶子上玩光影游戏。

在第二次微教研的过程中，幼儿的光影手指游戏发生了很大的变化。首先，光影环境不再是幼儿园设计，而是多方参与设计。其次，"光影故事时光"修正了我们的儿童观，幼儿是游戏的创造者、体验者。同样的光与影，不同的辅助材料，不同的场景，每个幼儿都用自己独特的游戏方式与经历，诠释出一百种可能与创造，让我们惊叹不已。

但是我们的老师也发现了一些问题，比如从幼儿的表达来看，光影的内容单一，尽管形式不同，但大多是低水平地重复一些手指游戏内容，缺少深度探索。

三、第三次微教研

让幼儿用多种方法玩游戏一直是我们倡导的教育策略。我们不仅创造了多元的手指游戏内容，更以"体验"为中心，以"参与和表现"为主要方式，以"自主创造"为特点，尝试寻找适合各年龄段幼儿的经典玩法。例如在大班光影游戏中融合科学内容，让幼儿尝试如何让影子变大或变小，怎样让影子变颜色，怎样变出很多个影子。

1. 会变大变小的动物。

◆ 图34 ◆ 汤佳豪、孙景涵、龙正轩三个人来到黑板前，汤佳豪说："我想让我的手变大。"孙景涵做了个小狗手型放在黑板前，拿着手电筒的龙正轩说："我往后移，手就会变大了。"结果，越往后移，光圈就越大，后来光圈都看不见了，手型也很模糊，到最后手的影子都没有了。

◆ 图35 ◆ 汤佳豪说："龙正轩你的手电筒不要动，我来做影子，手越靠近手电筒，影子就越大，我在家里试过的。"说着他由远到近试了起来。

◆ 图36 ◆ 当汤佳豪越靠近龙正轩的手电筒，影子真的越来越大。

◆ 图37 ◆ 小手慢慢靠近墙壁，大白鹅变小了。

其他幼儿在墙壁上也开始探索"会变大变小的动物"，他们发现，手电筒不能动，因为动了，光圈会发生变化，当手电筒离墙壁很远时，光圈散开不见了。

他们还发现，当手电筒不变时，改变小手离墙壁的远近，会让小动物的大小改变。

◆ 图 38 ◆ 小手慢慢离开墙壁，大白鹅越来越大。

◆ 图 39 ◆ 小手靠近墙壁，变出小狗。

◆ 图 40 ◆ 小手慢慢往外移，小狗越来越大。

◆ 图 41 ◆ 赵欣怡发现，影子还可以在光圈里跳舞。

2. 会变颜色的动物。

◆ 图 42 ◆ 幼儿发现，光照在有颜色的纸上，纸会发光。

◆ 图 43 ◆ 王韬说："这可是变色的火星。"他拿着变色的火星，想要把光透过纸后照到墙上，但墙上没有显示。张鑫豪也拿着自己的火星尝试了一下，也没显示。

第三章
手指游戏区

◆ 图 44 ◆ 王韬说："我要用透明的纸。"可是没有透明的纸，怎么办呢？张鑫豪说："我想可以在这里面涂上颜色。"在一旁观察的老师说："这可能是一种好方法，你们可以试一试。"正好旁边的材料筐里有几支水彩笔，幼儿于是拿笔在手电筒的玻璃上涂上颜色。

◆ 图 45 ◆ 王韬涂的是蓝色，第一个涂好，他打开手电筒照在墙上，光圈真的变成了蓝色。

◆ 图 46 ◆ 王浩和张鑫豪也涂好了，三个人一起把手电筒的光投向墙壁。"哇！好漂亮啊！"三个人惊叫起来。

◆ 图 47 ◆ 做几个小动物试试效果。

◆ 图 48 ◆ "哎呀！变红啦！"王浩开心极了。

◆ 图 49 ◆ 另外两名幼儿也来尝试。

◆ 图 50 ◆ 王韬变出了红孔雀,他说:"上面还有图案。"

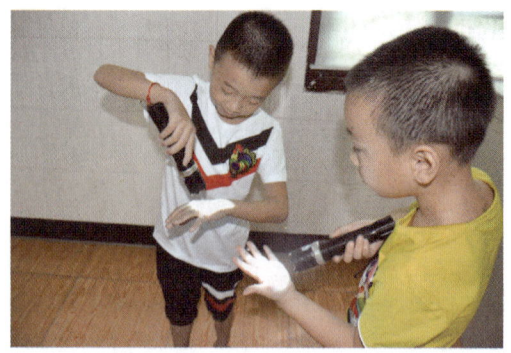

◆ 图 51 ◆ 王韬和张鑫豪发现涂了颜色的手电筒光照在手上,手也变了颜色。张鑫豪:"我的手现在是五颜六色的了。"

◆ 图 52 ◆ 王浩说:"不记得用了什么颜色了,我记录下来。"

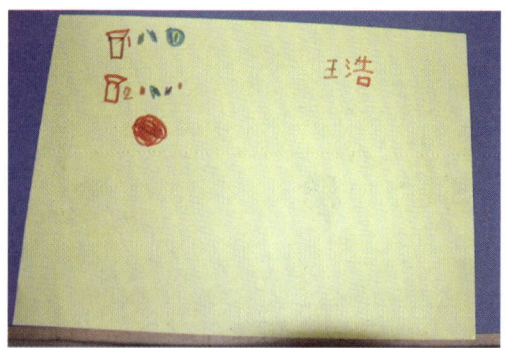

◆ 图 53 ◆ 王浩:"第一次,我用了蓝色和绿色,照出了绿色的圈圈;第二次,我用了红色、蓝色、紫色,照出了红色的圈圈。"

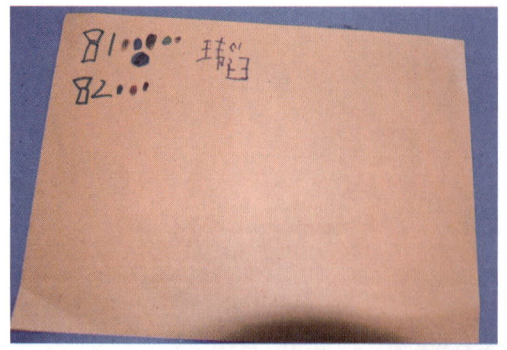

◆ 图 54 ◆ 王韬:"第一次,我用了五种颜色的,照出来的是蓝色的圈圈。"

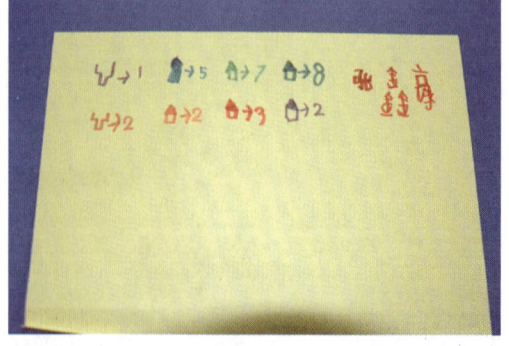

◆ 图 55 ◆ 张鑫豪:"第一次,紫色用了 1 次;蓝色用了 5 次;深绿色用了 7 次。"

3. 会变多变少的动物。

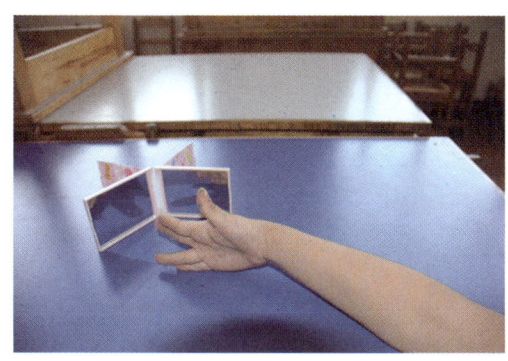

◆ 图56 ◆ 王韬对着镜子玩手影，有了新发现，他说："1只小狗，变成了3只。"同伴问哪里有3只，他说镜子外面有1只，里面有2只。

◆ 图57 ◆ 其他幼儿也来探索。他们发现，镜子"躺着放"不大看得出，"竖着放"容易观察到变出了几只小狗。

◆ 图58 ◆ 镜子越用越多，竖不起来，幼儿就用糖果盒撑着。王韬："哇，有6只小狗啊。"王浩问："你用了几面镜子？"王韬说3面镜子，里面3只小狗，外面3只小狗。

◆ 图59 ◆ 张鑫豪："我有9只。"王韬问："你怎么会有9只啊？"张鑫豪："我用了4面镜子。"

（1）第三次微教研，幼儿收获很多。

寻找光源。幼儿通过探究发现有很多方式可以让光来到身边，人造光是光源：手电筒，手机。自然光也是光源：照到墙上的自然光，照到地上的自然光。教师引导幼儿在游戏中多用自然光。

探究影子的变化。手离光源的远近，会引起手影大小的变化。光源不动，手离光源越近，手影就越大；离得越远，手影就越小。怎样让手影变大变小，能变到多小或能变到多大，引起影子变小变大的因素是什么，幼儿都可以探究。

不同时间段，在太阳下的手影的形状不一样。比如在同一个地方，在上午、中午、下午的时候手影不一样。

光源涂上不同的色彩，会引起手影颜色的变化。在探究中幼儿发现，手电筒上涂了颜色，手影的颜色会变，涂红颜色，就变出了红光，因而可以变出红色小狗……幼儿还发现，除了涂色，还可用彩色玻璃纸来探究，光通过红色透明纸变成了红光，映出红色小狗手影；光通过黄色透明纸变成了黄光，映出黄色小狗手影；红色透明纸和黄色透明纸叠在一起，光通过后就变成橙色小狗手影了。也可以直接把彩色玻璃纸放在自然光下玩手影游戏。

镜子数量不同，手影的数量也不同。加上1面、2面、3面镜子，小动物会1个变2个、1个变3个。

提高游戏能力。光影游戏的光是幼儿寻找到的，影子是幼儿发现的。在光影游戏中，手指游戏的发展价值不断提高，幼儿的探究能力和探究方法不断提升，幼儿有了探究能力就会寻找材料探究，幼儿掌握了探究方法，就能够探究得更深入，这种科学的启蒙已经超越了手指游戏本来的价值，促进了幼儿思维的发展。

手指游戏是看得见的创造，这种创造新奇而多变。幼儿掌握了学习、游戏的方法，并在游戏中、学习活动中不断实践，从而建构自己独特的学习方式，同时他们的游戏意识、技能、规则、情感等方面的素养得到了发展。

（2）第三次微教研，教师也思考了很多。

引发了教师对于幼儿经验的思考。幼儿的学习是经验不断生长的过程，我们营造了有趣的情境，创设了丰富的环境，提供了多样的材料，幼儿积极、主动运用各种感官，在操作、探索和同伴交往中，将他人经验和自己经验联系起来，将已有经验和当前经验产生连接，从而获得新经验。

引发教师对皮亚杰认知发展理论的思考。有趣的光影游戏帮助幼儿从不同的角度去看待物体和经验，并发现物体的特性；引导幼儿通过操作具体的事物来发展逻辑思维能力，在"顺应和同化"的过程中，建构对世界的理解。

第四章
积木区

2014年，我们用共读的方式学习了《0~8岁儿童学习环境创设》，其中通过学习第十一章"创设建构区"，掌握了幼儿积木建构的发展阶段特点，了解了积木建构区对幼儿发展的促进作用，知道了教师支持建构区学习的策略，掌握了积木建构区的环境评估方法等，之后我们在全园每个班都开辟了室内积木区，并投放了积木；在行政楼门口空地上，先后投放了4批户外碳化积木。改变了以前积木区数量少，关注度低的状况。

一个阶段以后，无论室内，还是户外，积木区都开始演绎精彩游戏活动。

◆ 图1 ◆ 无意中发现，二楼走廊积木区，彭紫俊和潘烨磊在搭建"会动的超级机器"。

◆ 图2 ◆ 夏煜城和同伴无数次尝试后，搭建了会动的铲车。

◆ 图3 ◆ 潘烨磊和同伴搭建的恐龙。

本章的第1个案例"钢琴音乐会——积木里的课程资源"发生在户外碳化积木区。2017年4月14日，在户外碳化积木区的好几个场景中，宝宝班（中班）的幼儿都在自主搭建"钢琴"，有三角形钢琴、长方形钢琴、半圆形钢琴。有的女生在搭建的钢琴上边弹边唱幼儿园园歌，有的男生在搭建的钢琴上边弹边唱国歌……因为不是个别现象，所以在捕捉到幼儿的兴趣后，宝宝班老师应用《3-6岁儿童学习与发展指南》精神，从教育价值观、学习可能性、教学条件等方面进行筛选，将其开发利用为课程资源，并持续进行了观察、探索和分析。

本章的第2个案例"多米诺骨牌——积木里的科学经验"发生在室内积木区。2016年12月1日，苹果班（大班）4名幼儿开始热衷于在积木区探索多米诺骨牌，他们将科学经验融合其中，搭建高楼。随后的半年多时间里，他们自发生成一系列多米诺骨牌的玩法，他们探究不同的积木如何做成相同的骨牌，他们尝试多维度建构多米诺骨牌……

本章节的第 3 个案例"组合城多米诺——积木里的交往合作"是第 2 个案例的延续。在牟立坡等幼儿的影响下,越来越多的幼儿喜欢上了多米诺骨牌建构,2017 年 6 月 15 日,苹果班 6 位男孩自发搭建多米诺骨牌。在游戏过程中,幼儿呈现出良好合作关系,在出现矛盾时,他们甚至迁移其他游戏经验来维护"和平"……所有这些,引发了我们对带班老师的兴趣,对幼儿交往合作的兴趣。

第一节　钢琴音乐会——积木里的课程资源

一、案例呈现

1. 凭票参加钢琴音乐会。

2017 年 6 月 14 日,行政楼门口的户外碳化积木区,4 个男孩搭建了三角形钢琴。

◆ 图 1 ◆ 4 名幼儿在搭建三角形钢琴。

◆ 图 2 ◆ 左下角是观众席,竖着摆了好几排积木,这些积木两两并在一起。观众席对面有围栏的是演奏区,有大门可以进入,里面放了一架三角形钢琴。

刘瑞诚说:"弹完琴,大门是可以关的。"

钢琴下方,有两张"小板凳",都是用 3 块积木做成的。范家文说:"一张是我自己弹琴时坐的,一张是其他喜欢弹琴的人坐的。"他还说:"如果其他人不会弹,坐在这里,我也是可以教他的。"钢琴上,左边和右边各有 3 块积木并排竖放着,范家文说:"那是弹琴的书。"

◆ 图3 ◆ 幼儿邀请老师当观众,并给每位老师发观看演出的"票"。"票"用积木代替。

◆ 图4 ◆ 观众坐好后,演奏开始,吴有水边唱《少年强》边弹钢琴,范家文跟着音乐打"阳湖拳"。

沈文博邀请在旁边观察的3位老师坐在一些积木上,说这是"观众席"。刘瑞诚手里抱了几块单元积木,范家文给每个老师发一块,说这是"票",有了"票",就可以坐着看演奏。我问他:"我有点不懂,这个积木,为什么是票呢?"他很干脆地回答:"这本来就是票的样子。"

◆ 图5 ◆ 第2轮演奏时,吴有水和范家文4手联弹。

2. 可以翻看的曲谱。

三角形钢琴旁边，5个女孩搭建了一架钢琴。

◆ 图6 ◆ 图中4层积木是钢琴，2层积木是架子，一个个竖立着的积木是观众席。

◆ 图7 ◆ 钢琴第2层的左右两边各竖着几块积木。

王子妍（白色上衣小女孩）边弹边唱："一闪一闪亮晶晶，满天都是小星星。"弹唱结束，王子妍站起来，用手把两块积木合拢一下，再打开。我很奇怪，就轻轻地问她这是什么，为什么这样做。王子妍说："这是弹琴的书，有很多页，弹好了，要换一页。"我恍然大悟，原来这是"曲谱"，积木合拢、打开，是在翻页。王子妍独奏结束后，另外3个小女孩6手联弹，一边弹，一边唱，很投入、很专注，尽管没有观众。

游戏结束后，我和这个区的几名幼儿聊起来："小朋友，你们刚才琴弹得真好，我好佩服你们哦，下次能不能也教教我？"幼儿很开心，争着说能教我，还说要搭一个更好的放在博物馆里的钢琴给我弹。我又说："我就是有点不明白，为什么这两块积木是有很多页的书？"王子妍说："因为没有真正的书啊。"我说那为什么要翻页，她说是因为要找歌曲，唱《左手右手》的歌，就要翻一下，还可以翻到《少年强》，还可以翻到《我是东幼好宝宝》(园歌)。朱雅涵说："只要翻一页，看见'园歌'，我们就开始弹。"

3. 用 3D 眼镜才能看到 3D 电影。

◆ 图 8 ◆ 这是有钢琴的表演区。钢琴是简易的，长条形积木架在粗粗的 PVC 管子上。有 6 个女孩，其中两个女孩在弹琴，一个女孩在唱歌。一个大大的 PVC 管子放入一根长长的碳化积木组合成"麦克风"。另外 3 个女孩则一边跟唱，一边伴舞。

◆ 图 9 ◆ 演唱区对面是幼儿搭建的大大的"沙发"（图右侧），幼儿说是"大大的观众席"。胡茉莉老师和另一个女孩正坐在"大大的观众席"上欣赏表演，手里还拿着一块积木。沙发前那一排由低到高的积木是"红地毯"，"红地毯"上的白色 PVC 管，幼儿说是报幕的"话筒"。

◆ 图 10 ◆ 小女孩正在报幕。

◆ 图 11 ◆ 3 个女孩手里都拿着一块积木。

看到我走过去，幼儿递过来一块积木，说"眼镜"，我说："这个眼镜倒很特别，我喜欢哦。"然后又问："你们在做什么呢，为什么要戴眼镜？"幼儿说："因为那是 3D 表演。"我随即也就明白为什么这 3 个人手里都拿着一块积木，而刚才看到胡茉莉老师坐在观众席上时，手里也拿着一块积木，原来那块积木也是"3D 眼镜"。

活动结束后，我追问为什么。幼儿说："因为没有眼镜，我们只能用积木，我们戴着眼镜才看得清楚。"有个女孩补充说："我在电影院，我们都戴眼镜的，不戴眼镜看不清楚。戴了眼镜，就看得清楚。"

二、分析研讨

这是3个在同一天同一时段并列发生的真实的游戏故事，都是幼儿先自己建构游戏场景、再以物代物并进行角色表演的游戏故事。

在中班年级组微教研时，我们分享、剖析了这3个故事。然后老师们就自己感兴趣的问题进行了解，而宝宝班老师和我就像答记者问一样，为大家答疑解惑。

问题一，为什么幼儿在碳化积木区会搭建各种各样的钢琴，这个主题怎么来的？

原来，今年4月，宝宝班新添置了一架钢琴，幼儿很兴奋，对钢琴充满好奇。但是，那钢琴是老师弹的，幼儿自己也想弹，怎么办呢？于是幼儿的游戏愿望被激发了。在2017年4月14日的游戏时间，户外碳化积木区就出现了几架幼儿搭建的"钢琴"，幼儿在属于自己的"钢琴"上边弹边唱，比在真"钢琴"上演奏得更投入。宝宝班老师随后做了调查，发现很多幼儿都有在班级里摸过钢琴、偷偷掀开琴盖试着快速地在键上按一个音的经历。4月17日和18日，幼儿在碳化积木区依然搭建着"钢琴"。一直以来，我们都重视学习的适时性，总是希望根据幼儿的年龄特点和具体条件，抓住最佳的时机开展相应的活动，所以当宝宝班老师在观察和调查中发现幼儿在知识、经验、技巧、身体、态度等方面都进入了学习的最佳状态后，基于对幼儿发展特点的了解，基于对《3-6岁儿童学习与发展指南》精神的把握，基于对我园办园理念的落实，敏捷地做出价值判断：这个内容是有意义的，幼儿是感兴趣的，尤其从课程资源开发中"缺失优先"原则来看，我们农村幼儿在音乐方面的需求可以优先得到满足，于是生发了"钢琴音乐会"主题活动，并将该活动变成老师和幼儿"共舞"的过程。"钢琴音乐会"搭建主题持续了两个多月，幼儿的兴趣一直很浓。

问题二，我们今天看到幼儿的游戏玩得很好，那又是什么原因让幼儿玩得非常好呢？

一是因为兴趣和经验。首先，因为幼儿对钢琴的兴趣，教室里有钢琴了，幼儿特别感兴趣，想用多种感官去探索，去模仿。其次，因为幼儿有非常多的关于钢琴的经验，宝宝班从认识钢琴开始，幼儿就"我知道的钢琴"和"我设计的钢琴"进行了一系列的探讨活动，并就"我见过的钢琴"和"我设计的钢琴"进行了比赛。最后，因为幼儿具有很多相关的游戏经验，以物代物的能力特别强，对各类积木的特性更是了如指掌。

二是因为想象和创意。钢琴搭建活动体现了宝宝班幼儿的童真童趣，他们将材料有机结合，搭建了三角形钢琴、4层钢琴、有表演台的钢琴等。建构了钢琴场景，必须要有观众，于是，在3个游戏场景都出现了观众席。第一个游戏区域，他们想象成钢琴音乐会，音乐会要有门票，于是把积木想象成可以观看演出的"票"；第二个游戏区域，他们把积木想象成可以翻看的"有很多页的书"，每次演奏完一首曲子，就把积木合拢又打开，表示换另一首曲子。幼儿说什么歌，就唱什么歌，并弹什么歌；第三个游戏区域，他们想象成钢琴演奏区，把积木想象成看3D表演的"眼镜"……三个场景，在想象创意中形成了完整的游戏故事。

问题三，既然幼儿感兴趣，内容又有意义，幼儿又玩得这么好，那老师还可以做什么，还可以怎样支持幼儿的游戏呢？

宝宝班老师说了一些自己的想法，教研组其他老师也给出了一些建议。

建议一，继续丰富幼儿关于钢琴的经验。一方面，参考陈鹤琴先生关于"马的价值"的观点，梳理出钢琴的价值：钢琴的名称的来源、外形轮廓、颜色、脚踏板、琴盖、声音；演奏时话筒放哪里；黑白键的排列和数量；钢琴的种类；钢琴的用处；钢琴摆放的位置……另一方面，关注幼儿的问题、幼儿的兴趣、幼儿的差异，重视隐性动态课程资源。

建议二，进一步感知和欣赏钢琴曲。参考陈鹤琴先生关于"马的利用"的观点，梳理出钢琴的利用：参观琴行；请家长带幼儿去大剧院看音乐会；观看钢琴演奏的视频；幼儿尝试在钢琴上弹奏；老师现场演奏；幼儿伴随钢琴歌唱；幼儿寻找身边会弹琴的伙伴；欣赏郎朗的故事和郎朗的演奏（有可以接触的直接资源，也有少量间接资源）……

建议三，学习《3—6岁儿童学习与发展指南》，并与课程相结合。我们往往为了游戏而游戏。其实，幼儿自发生成的游戏活动，老师可以进行深入思考，分析意义和价值，从而确定是否可以跟主题进行融合。如果我们有一定课程意识，就能够把幼儿的自发游戏跟课程进行融合，能更好地开展教育活动。所以，通过学习《3—6岁儿童学习与发展指南》，了解中班下学期艺术领域中"感受与欣赏、表现与创造"方面的目标，再结合主题"钢琴音乐会"，让目标落实到课程中。

建议四，学习张雪门《幼稚园教材研究，幼稚园教育新论》第七章"游戏和音乐"，"了解幼稚园适用的唱歌材料，如家庭歌、职业歌、叙事歌、滑稽歌、催眠歌、气象歌、时令歌。了解音乐活动的4个点：第一，多给儿童自由创作的机会，不是把固定的现成材料来勉强他们做唯一的机械反应；第二，不重形式的成绩，所以也不一定要有模仿的操练，而使儿童多有自己发表、自己改正的机会。第三，设法引起儿童动作的需要，且时时促醒其目的的意识，不间断于各部分的技术。第四，注意游戏和音乐本身上的价值，不当作某一种的哲学或道德的工具看待。"

三、案例选取

受微教研启发，宝宝班老师立即行动，和沉浸在"钢琴音乐会"情境中的幼儿一起讨论，又生成了一些活动，丰富了主题"钢琴音乐会"的内涵和外延。

1. 欣赏钢琴名曲。

2017年6月19日，宝宝班开辟了"音乐欣赏区"。区域设置很简单，一张桌子，几把椅子，一台电脑，电脑里下载了与钢琴有关的视频。

◆ 图12 ◆ 三个小女孩最先来到"音乐欣赏区"。

◆ 图13 ◆ 看着看着，三个人不由自主地模仿起来。刘萌萌说："我是跟着节奏弹的，节奏快，我就弹得快；节奏慢，我就弹得慢。"朱盛熙说："弹琴的时候，头也要动。我弹得高兴的时候，头就会一摇一摇的。"

我们发现，这三个中班幼儿能够专心地观看自己喜欢的艺术作品，在欣赏时会模仿，有开心愉快的情绪反应。

我们也发现，幼儿对于钢琴的兴趣不仅仅停留在黑白琴键发出优美动听的声音与旋律，还有钢琴演奏者全情投入时那多变的肢体动作。

我们还发现，在"以儿童为本"的课程理念下，当我们的课程与幼儿阶段的学习特点和身心发展水平相适应时，幼儿就会积极、主动地学习。

2. 和郎朗做朋友。

老师问："孩子们，你们看过谁弹钢琴？"

"胡老师。"

"聪聪班佳丽老师。"

"我妈妈弹的是手风琴。"

"我的好朋友。"

"郎朗。"

老师追问:"郎朗是谁?他怎么弹琴的?"

"我在妈妈手机里看过郎朗弹钢琴。"

"郎朗弹得很快,他也会和思思妈妈一样摇头。"

老师:"郎朗是个了不起的钢琴演奏家。你们想不想看郎朗的钢琴演奏会?"

幼儿个个都很兴奋,很渴望看郎朗弹琴。

于是,我们精选了一段郎朗音乐会的视频,组织幼儿观看。孩子们认真洗手,安静坐下,准备欣赏。

◆ 图 14 ◆ 幼儿目不转睛地看着郎朗走入长方形的演出场馆。

◆ 图 15 ◆ 看着郎朗优雅地入座,随后拂动琴键。

◆ 图 16 ◆ 郎朗的演奏深深感染着幼儿。

◆ 图 17 ◆ 条纹衫的小男孩沉浸其中,专注地听着看着,手的动作幅度渐渐加大……

幼儿需要培养的能力包括:运用感官观察事物的能力;欣赏音乐的能力;运用歌舞等表达和认识情感的能力……老师借助欣赏"郎朗音乐会"的契机,重视并落实这些目标，带着幼儿一起接触适宜的钢琴曲，丰富幼儿对音乐的感受和体验。在观看过程中，我们捕捉到幼儿的表情、动作是以前任何一个音乐活动所没有的，他们用自己的方式跟着郎朗演奏，表达对音色、音调强弱和节奏快慢的感受，用不同的表现手法表达自己的感受和想象，表达自己对作品的理解。

◆ 图18 ◆ 幼儿边欣赏，边表情丰富地即兴表演。

◆ 图19 ◆ 一曲结束，幼儿不由自主地热烈鼓掌，一个个小脸上写满了敬佩。

欣赏活动结束后，整个宝宝班的幼儿都迷上了郎朗弹琴。到处可见幼儿摇头晃脑模仿郎朗弹琴的情境，耳边时时响起幼儿哼唱钢琴曲。下午离园时，幼儿抢着给来接自己的家长讲述郎朗的故事。

3. 寻找会弹琴的小伙伴。

宝宝班投票选举出了6个人，组建了调查小分队，然后在全园大搜索，了解哪些小伙伴学过钢琴，并请这些小伙伴到宝宝班演奏。

◆ 图20 ◆ 乐乐班的小女生在演奏《小星星》。

◆ 图21 ◆ 贝贝班的小男生在演奏《练习曲》。

◆ 图22 ◆ 这是聪聪班（中班）的牟佳丽老师在弹唱歌曲《粉刷匠》。

◆ 图23 ◆ 幼儿认真地欣赏着，感受着钢琴的魅力和音乐的美好。

在欣赏小伙伴演奏时，幼儿会产生相应的联想和情绪反应，他们借助表情和动作，通过即兴表演来表达对音乐的理解和自己的心情。

四、感悟反思

1. 幼儿自然地迷上了音乐。

3个生成活动小案例，从3个点折射出每名幼儿心中都有一颗美的种子。宝宝班的幼儿，在"钢琴音乐会"系列活动后，自然地迷上了音乐，他们把很多曲子发展成为班歌，并配上班舞，又进一步发展为年级的级歌、级舞，最后竟然带动混龄结对的班级，变成园歌、园舞。在老园长来园时，他们采访的第一个话题居然是："园长奶奶，您会弹琴唱歌吗？"然后和老园长奶奶载歌载舞。以至到了大班，他们对音乐的兴趣更浓烈，建构各种钢琴，自主排练节目，做公益演出，他们学会用心灵感受美和发现美，用独特的方式表现美和创造美。

2. 老师适时地拓展了活动内容。

为增加幼儿的音乐经验，老师和幼儿一起观看很多其他乐器表演的视频。在感觉视频还不够真切、不够有感染力的时候，老师又到处寻找资源，在家长中寻找，在东青实验学校寻找，把会吹口琴、吹长笛、拉小提琴、弹吉他等乐器的高手请来幼儿园现场演奏。幼儿不仅可以听到乐器发出的声音，还可以用眼睛看到乐器和弹奏乐器的姿势；不仅可以感受钢琴的魅力，还可以感受其他乐器的魅力，感受各式各样的曲调，庄严的、幽静的、欢快的；不仅可以感受到音乐在乐器中，还可以感受到音乐就在身边，就在大自然中。

3. 农村幼儿园适宜地弥补了幼儿在音乐经验方面的缺失。

东幼是一所农村幼儿园，我们的幼儿自信阳光，爱运动，乐创造，但艺术中的音乐一直是我们的薄弱点。当老师发现幼儿有探索"钢琴"的兴趣和需求，我们因势利导，适切开发音乐课程资源，展开有目标的、有内容的、融入课程的"钢琴音乐会"主题活动。一方面，我们营造真正艺术熏陶的氛围，给予幼儿美的体验，促使幼儿真切感受音乐的美，从而更好地促进幼儿多方面的发展。另一方面，老师们对于幼儿园音乐活动的学习、了解、把握等，也从此翻开了新的一页。

第二节 多米诺骨牌——积木里的科学经验

习总书记提出"精准扶贫"，我想，微教研也要"精准"，所以，我们启动了2017东青幼儿园系列微教研。针对不同教师，我们进行分层教研。如新教师更希望"解决教学实践问题"，我们就在园内建构了由5年内新教师、年级组长、教科室主任、业务园长、园长等29人组成的教研团队，将拍摄到的两个案例作为探究点，开展相关教研，希望新教师在实战中提升专业能力。

一、案例呈现

1. 支点在哪儿？

◆ 图1 ◆ 2016年12月1日下午，放学时间到了，无意间看到苹果班（大班）还有4个幼儿（两男两女）没回家，他们在点点班（小班）门口的积木区玩。

◆ 图2 ◆ 他们商量搭建高楼多米诺，在确定好基本搭建方法后，自主分工：女生找积木块，男生建构。

有图有真相：
一个幼儿园园长的微教研

◆ 图3 ◆ 在建构过程中，牟立坡（左侧男孩）说："要保持一样的距离。"牟立坡接着又说，"可以搭得高一些。"另外3个幼儿不断地寻找积木块，找到后，或者小心地把积木块放到高楼上，或者把积木块递给牟立坡。牟立坡说，"4个人合作多开心啊！"

◆ 图4 ◆ 现在，他们搭建了这样一幢"高楼多米诺"。

◆ 图5 ◆ 牟立坡对刘诚坤（右侧男孩）说："不要从你那边开，从我这边开。"

◆ 图6 ◆ 牟立坡双手准备着，刘诚坤说："one, two, three, four。"说到"four"时，刘诚坤欢跳起来，牟立坡双手用力，把最底下的积木块抽出。

◆ 图7 ◆ 抽出最下面一块，骨牌倒了一大半，连续抽了两次，骨牌全部倒地。

◆ 图8 ◆ 他们接着尝试，几分钟后，高楼多米诺又搭建好了，牟立坡抽掉一块，倒了一小半。这回，一共抽了3块积木，骨牌才全部倒地。

本来4名幼儿想挑战抽取其中一块,高楼多米诺就能全倒地,而现在需要抽取两到三次,所以他们觉得没成功,于是他们开始寻找原因,牟立坡说:"中间有两块斜了。"

4名幼儿随后自发讨论,他们觉得越来越难倒的原因是没有放三角形。于是他们决定明天再试。

2. 相同的骨牌哪里来?

◆ 图9 ◆ 放学后,4名幼儿又在积木区搭多米诺骨牌。

◆ 图10 ◆ 从左往右依次为1号积木、2号积木、3号积木、4号积木。

几天后,又是在下午放学的时候,又是在点点班门口的积木区,无意间又看到这4名幼儿在搭多米诺骨牌。搭建场景壮观,他们用了4种积木。按照使用顺序来命名:单元积木,我们姑且称之为1号积木;半单元积木,我们称之为2号积木;小三角形积木,我们称之为3号积木;柱形积木,我们称之为4号积木。

◆ 图11 ◆ 先用1号积木做骨牌。

◆ 图12 ◆ 1号积木都用完了,他们开始把2号积木上下两两相叠成1号积木的样子,做成骨牌。

有图有真相：
一个幼儿园园长的微教研

◆ 图 13 ◆ 牟立坡叠了几块后，观察了一下，然后用左手从 2 号积木做骨牌的起点处往外推，试试是否可以一推就倒。

◆ 图 14 ◆ 我对他的举动很惊讶，因为这样推，就只是测试 2 号积木搭建的骨牌段，不会碰到前面用 1 号积木搭建好的大量骨牌段。

◆ 图 15 ◆ 2 号积木用完了，牟立坡把 3 号积木 4 块相叠成 1 号积木的样子，做成骨牌。

◆ 图 16 ◆ 3 号积木叠了两块骨牌后，牟立坡又推一下，试一试是否可以推倒。

◆ 图 17 ◆ 1 号积木、2 号积木、3 号积木都用完了，牟立坡站起来，打量着所搭建的所有骨牌，并用手从起点沿着骨牌往终点比画着骨牌倒地时的流动线。

◆ 图 18 ◆ 他可能觉得骨牌阵还不够长，比画后，又找到两块 4 号积木。

◆ 图 19 ◆ 将 4 号积木左右两两相并排，靠在一起形成 1 号积木的样子，做骨牌。前面的 2 号积木、3 号积木，都是几块往上相叠做成骨牌，而现在的 4 号积木，是两块左右相并排做成骨牌。

◆ 图 20 ◆ 将两块 4 号积木做的骨牌放好后，牟立坡左手拉拉刘诚坤，右手指指刚拼搭好的 4 号积木骨牌，示意他照着样子去寻找 4 号积木。

◆ 图 21 ◆ 4 号积木也用完了，可以做相同骨牌的积木都用完了。两个男孩开始完善骨牌作品，调整间距。

◆ 图 22 ◆ 调整一遍后，牟立坡又打量一下，然后在右侧搭建的骨牌上方，开始加放柱形小积木。

◆ 图 23 ◆ 每个骨牌上放一个。

◆ 图 24 ◆ 柱形小积木用完了，现在，骨牌作品是这样的。

◆ 图25 ◆ 牟立坡又拿了一块长积木，竖放在骨牌尾部，我问他："牟立坡，为什么要在这里放一块不一样的长积木？"他说："这里是终点，终点要放一块长积木，这样大家都会知道。"

◆ 图26 ◆ 牟立坡推最后几块骨牌测试一下效果。

◆ 图27 ◆ 下面一层有几块没有倒。

◆ 图28 ◆ 于是，牟立坡开始把上面一层柱形积木都撤走。

◆ 图29 ◆ 刘诚坤绕到左侧。

◆ 图30 ◆ 刘诚坤推其中的一块骨牌，卡住了。

◆ 图 31 ◆ 又推了一次,其他骨牌"顺势而倒",大家欢呼起来。

◆ 图 32 ◆ 骨牌倒过去。

◆ 图 33 ◆ 骨牌还在倒过去。

◆ 图 34 ◆ 再一次卡住了,牟立坡跳过去。

◆ 图 35 ◆ 他在卡壳处又推了一下。

◆ 图 36 ◆ 骨牌倒过去。

◆ 图 37 ◆ 骨牌全部倒过去了。

◆ 图 38 ◆ 幼儿咯咯笑着,牟立坡还快乐地蹦跳起来,这应该是他们最开心的时刻。

二、分析思考

新教师既要学会做观察记录，又要学会分析、思考。所以，我们组建了QQ群，大家在线上交流时，首先由新教师发表看法。

1. 诊断性判断。

这两个案例，先请任职5年内教师进行诊断性判断：发生了什么，为什么，感觉怎样，它意味着什么。我梳理着每位新教师所发表的观点里的关键点。

工作1年的新教师共5人，其中毛鑫雨老师的剖析有这样一些关键点：案例一，4名幼儿，玩多米诺，体会游戏乐趣，牟立坡是领导者，根据想法尝试、合作。案例二，4种积木，变成1号积木，对积木形状非常了解，思维灵活，不气馁，合作。

工作2年的教师共3人，其中张涛老师的剖析有这样一些关键点：案例一，对搭建多米诺有浓厚兴趣，有做好游戏计划的能力和分工合作的能力，牟立坡是指挥者，合作，寻找失败原因，第二次尝试，自发讨论，总结经验，为下一次游戏做规划。案例二，在1号积木不足的情况下，通过已有搭建经验以及对形状和大小的认识，组合成新骨牌，试验新骨牌，合作。

工作3年的教师共4人，其中姜秀秀老师的剖析有这样一些关键点：案例一，想抽取一块积木让所有积木全部倒下，出现小问题，没有达到目标，寻找原因，再次尝试。案例二，同种积木不够，利用其他积木拼组，并做测试和距离的修改，过程和谐、智慧、充满探索和思考。善于分工合作，善于发现问题，自己尝试解决问题。游戏过程展现着幼儿的各项能力发展逐渐提高，达到《3-6岁儿童学习与发展指南》目标，如体现大班社会目标：活动时能与同伴分工合作，遇到困难一起克服；能主动发起活动或在活动中出主意、想办法；主动承担任务，遇到困难坚持而不轻易求助。

工作4年的教师共5人，其中石伟老师的剖析有这样一些关键点：案例一，对建构游戏有浓厚兴趣，会商量讨论搭建计划并自主分工，牟立坡注意到积木块的距离要一样，尝试抽积木块，通过商量发现问题所在，有兴趣继续尝试，在实践中获得经验，自发讨论、猜测失败原因，对下一次游戏有初步规划。案例二，第二次是第一次的延续，从不同角度思考问题，对简单图形的组合有一定的前期经验，1号积木用完后，其他积木或者上下组合，或者左右并列组合，调整、测试局部搭建积木的同时注意作品的总体走向，遇到困难时勇敢想办法克服，探索精神，探究能力，合作精神，积极参与其中。

工作5年的教师共2人，其中王文娟老师的剖析有这样一些关键点：两个案例有连续性，看得出幼儿对多米诺游戏的喜爱。案例一，抽取一块积木，然后多米诺高楼一次性倒；案例二，不同积木块组成相同的骨牌连续性倒。幼儿建构能力强，自主性和互动性强，会自主规划和分工，体现《3-6岁儿童学习与发展指南》中关于社会性交往的要求，图形空间思维好，对已有经验灵活运用，出现问题能合理分析、一次次排查并改进，当发现自己想法造成游戏遇到障碍时会毫不犹豫去解决问题，思维在探索中发展，通过自己的探究思考体验成功的快乐。

我们的这种"分层教研"是一个平台，给予老师自主交流和表现的空间，形成平等的沟通，老师感觉压力不大，也不会感觉"吃太多""咽不下"。同时，从上面的剖析看得出，不同教龄的老师还是有差异的，这种差异可以互补。同伴间的互助研讨，使得老师很容易找到自己专业发展的"最近发展区"，从而发展自己的思考力和行动力。

我请行政人员也进行剖析。吴文萍副园长的剖析有如下关键点，目标明确：进行科学探究，案例一，抽取一块多米诺骨牌就全倒，案例二，推动一块多米诺骨牌就全倒。材料创新：了解积木，单元积木代替从网上购买的小方块，不同的积木拼组成相同的骨牌。玩法创新：不再只是简单的横向式排法，而是往高处建构。自主探索的意识强：自主探索搭建好之后，如何抽取一块积木，其他的积木就都倒下来。数学经验的运用灵活：知道物体的等分、间隔距离的相等。

看得出，大家都在将专业知识、技能应用于具体的游戏情境之中，并展开讨论和反思。随后，我们进行专业梳理，形成核心观点。从第一个案例"支点在哪里"，到第二个案例"相同的骨牌哪里来"，这几名幼儿的积木搭建，都是融合了科学领域经验的探索。

2. 需求性学习。

在微教研的过程中，我经常思考这样的问题：教研讨论什么，怎样教研更有效。所以，我们请老师继续思考：既然融合了科学领域的探索，那体现了科学学习中的哪些元素？老师们自由发言，如吴晶老师：验证猜测、观察探索、比较分析、思考尝试、合作讨论、按规律排序、创造新规律。

在大家抛出关键词或关键点后，在学习《3-6岁儿童学习与发展指南》背景下，我们开展幼儿科学学习活动。大家自由结对讨论，在参与中学习，在学习中思辨，在思辨中成长。

另外，我们引导任职教龄在5年内教师将自己的观点与其他人的观点进行比较、分析、总结，从而形成有益经验。

（1）幼儿自发产生探究兴趣。

两个案例，都是发生在离园时，4名幼儿因为家人还没来接，而自发到积木区，自主探索搭建多米诺骨牌，第一次搭建了高楼多米诺，第二次搭建了蜿蜒曲折的超级多米诺。两次探索幼儿都达到痴迷的程度，他们用一定的方法验证自己的猜测，一遍又一遍地尝试，家人来接，他们仍不愿离开。这种自主的探索性学习对于幼儿的思维发展和空间感的提升是有帮助的。搭建看似简单，但在探索过程中幼儿的经验不断地在"改组"，在"生长"。

（2）幼儿具有一定的探究能力。

案例"支点在哪里"，幼儿对怎样抽掉最少的骨牌就能让整个高楼多米诺倒下而自发探究。他们探索如何去建构高楼多米诺，要建构怎样的结构才能一抽支点骨牌时，多米诺高楼就能够全部倒掉；他们动手动脑，自己寻找问题的答案，探究抽取高楼多米诺哪个方位的积木，用怎样的速度，能达成这个目标。案例"相同的骨牌哪里来"，幼儿一直在调整和测试两块积木的距离，搭了一段，就会试着推倒，而且分别用2号积木、3号积木、4号积木分别拼出1号积木后，他们试验时都只推倒新搭建部分，避免前面搭建的也都倒了。

（3）幼儿会运用数学经验解决问题。

幼儿在探究具体事物和解决实际问题中，在尝试发现事物间的异同和联系的过程中进行科学经验建构和获得。案例"相同的骨牌哪里来"，我们看到了幼儿对空间、图形构建的深层次思考，看到了幼儿对于图形的认识。图形变化的认识在教材中就有，但我们往往局限在课本上、局限在老师提供的材料上。而案例中，我们发现，幼儿在探究具体事物时，已经在运用自己对图形的认识：当积木不够用时，能够根据形状的变化，用两个小三角形变成正方形，4个小三角形变成长方形。他们运用数学经验解决实际问题，用4种不同积木，组合成相同的骨牌，不仅获得了丰富的感性经验，而且充分发展了自己的形象思维，在归类、排序、判断、推理中发展了自己的逻辑思维能力。

幼儿一遍又一遍地探索如何抽掉一块积木来推倒整个骨牌作品，他们还探索用2号积木、3号积木分别做成跟1号积木一样的骨牌……这让我们看见了幼儿思维的发展，他们观察、比较、操作、实验，学习发现问题、分析问题和解决问题，这种主动思维的品质、主动探索的能力对幼儿以后的学习、生活将产生巨大的影响。

3. 反思性提升。

针对这两个案例，从中提炼游戏指导策略，我们新教师可以怎样支持幼儿的游戏呢？

（1）持续观察，关注幼儿的行为表现。

新老师们表示，老师要有敏感性，在后续活动中，要持续跟进观察这几名幼儿有没有继续探索多米诺骨牌，要去了解和倾听幼儿的想法；要关注幼儿探索的过程，关注在探索中幼儿有哪些语言和行为，是否有其他幼儿加入；要关注幼儿探索的结果如何，是否有其他经验发生。

◆ 图39 ◆ 2016年12月23日,新老师捕捉到的照片。主角是那4名幼儿中的两个人,搭建的仍然是高楼多米诺,因为一直没有成功,所以他们还在持续尝试。

(2)解读行为,关注情境的核心价值。

幼儿是天生的科学家,他们用日常获得的经验发展出阐释世界的"理论"。我们要以幼儿的视角和思维,解读他们行为背后的真实意图,关注行为背后他们的发展需求和个性化需求;我们要以专业的视角和判断,关注情境的核心价值,判断幼儿当前表现和惯常表现的一致性,观察幼儿在观察、预测、实验过程中的学习情况,了解他们的观察能力、解决问题的能力、实际动手操作能力、收集和整理数据的能力以及提出假设并进行验证的能力的发展情况。

(3)专业判断,关注老师的应答策略。

大家达成共识,一致认为要创设支持幼儿学习与发展的环境,提供充足的游戏材料、足够大的游戏空间,让幼儿可自己选择游戏玩伴,确定游戏时间和内容,在自主建构、手脑并用、分层推进、感受和表现中自主学习,而老师只要对幼儿的行为给予适宜应答、适时点拨,引导幼儿自己发现问题,并寻找解决问题的路径。

4. 检验性实践。

实践证明,这样的微教研是真实的、有效的。无论是幼儿还是新老师,都获得了相应发展。

第一,参与的幼儿越来越多。他们拓展经验,建构各种多米诺,如转盘多米诺、三角形多米诺、高架多米诺;建构不同材料的多米诺,如瓶盖多米诺、玉米粒多米诺、纸管多米诺、螺丝螺帽多米诺、玩具多米诺、板凳多米诺、蔬菜多米诺；建构融合不同经验的多米诺，如迷宫多米诺。幼儿的兴趣持续高涨，经验不断生长，他们的探究从表层走向深入，在主动尝试中更深入地游戏，更深度地学习。

◆ 图40 ◆ 计划建构瓶盖多米诺。

◆ 图41 ◆ 讨论要设计的元素和建构作品的效果图。

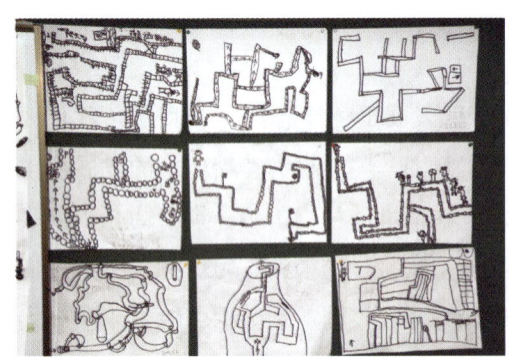

◆ 图42 ◆ 设计融合迷宫经验的多米诺（一）。

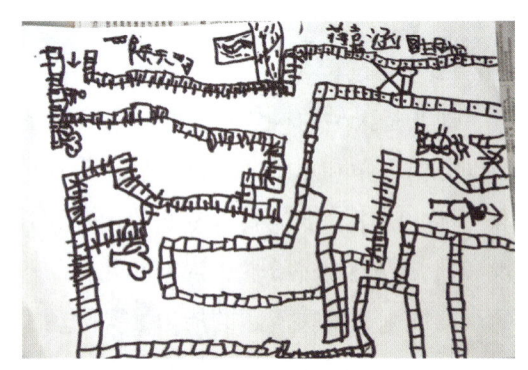

◆ 图43 ◆ 设计融合迷宫经验的多米诺（二）。

◆ 图44 ◆ 探讨并解决建筑中的两难问题：如何让还没达到一定高度的多米诺不会随意倒下来。

◆ 图45 ◆ 讨论并分析转盘多米诺的积木数量。

◆ 图 46 ◆ 讨论并尝试搭建不同的多米诺。

◆ 图 47 ◆ 讨论、寻找骨牌总是倒和总是不一次性倒完的原因。

第二，新老师越来越积极主动地参与。他们建构着关于积木区和科学活动的有关经验，将希望幼儿获得的科学概念纳入探究活动中，让幼儿回忆自己已有知识并探究未知的问题。他们注重和幼儿展开持续、有意义的对话，鼓励幼儿给积木命名（单元积木、三角形积木、半环形积木），引导幼儿梳理"问题是什么？我们已经知道了什么"等这些问题；引导幼儿思考"你会怎么解决问题？如何计划？哪些预测可能是真的？"这些问题；鼓励幼儿"实施计划，观察结果"；他们为幼儿记录学习过程提供机会，鼓励幼儿有规则地开展自主交流与表达情感的活动；鼓励幼儿在讨论活动中积极运用空间和数学词汇（增加、减少、表面、角、对称、等于）；鼓励幼儿测量积木块之间的间距；鼓励幼儿与他人分享信息。

◆ 图 48 ◆ 实验结束，幼儿在制作多米诺建构小书。

◆ 图 49 ◆ 幼儿在分享实验过程（一）：介绍新的多米诺建构材料。

◆ 图50 ◆ 幼儿在分享实验过程（二）：描述建构多米诺时碰到的困难和未来的计划。

◆ 图51 ◆ 幼儿在分享实验过程（三）：分享多米诺的建筑特征。

◆ 图52 ◆ 幼儿在分享实验过程（四）：记录积木的数量和间距测量的数据。

幼儿在多米诺"想象——操作——分享——再操作"的探究过程中，科学经验得到融汇贯通，创造性思维得以发展。

第三节 组合城多米诺——积木里的交往合作

受牟立坡的影响，苹果班越来越多的幼儿喜欢搭建多米诺骨牌。2017年6月15日上午，苹果班6个男孩又开始自发搭建多米诺骨牌，他们听从牟立坡的安排；他们自定主题：楼梯多米诺；他们自觉分工：有的搭建，有的搬积木；他们的态度很积极：一遍又一遍尝试；他们显示出友好的合作：互相协助，对同伴宽容，齐心协力达成目标。

刘晶波教授曾指出："有研究表明，我国幼儿在独立性、坚持性、行为礼仪、规则意识、协调认知冲突能力等方面的平均水平落后于欧美以及日韩等国幼儿。这种困境不仅让教育者没有成就感，甚至感到事倍功半的无力与无奈。"因此，如何提高我园社会教育的有效性，成为我们始终关注并努力实践的关键命题，我们以案例"组合城多米诺"为基础，展开有关"交往、合作"的微教研。

一、案例呈现

◆ 图1 ◆ 苹果班6个男孩在积木区商量搭建多米诺骨牌。

◆ 图2 ◆ 牟立坡率先拿了几块单元积木尝试搭建。

牟立坡说："我们就搭上次的。"

陈天羽说："你确定吗？"

牟立坡："确定。"

王非涂："我们搭点其他的吧，蜗牛线的最好搭，搭蜗牛线吧。"

陈天羽："要不，我们就搭螃蟹吧。"说着他用左手拉拉牟立坡，"用那个多米诺搭个螃蟹。"

牟立坡："嗯，那个多米诺可能搭不了螃蟹。"

蒋涵宇:"没事,很多很多积木就是这样的。"

牟立坡:"要不,我们再想点新的,我想想电视里是怎么搭的。"

张海涛:"电视里搭得很牛很牛。"

陈天羽:"这还能搭电视里面的?"

牟立坡:"可以搭电视里的,让我想想楼梯是怎么搭的。"

蒋涵宇:"楼梯?"

刘诚坤:"啊?楼梯?"

牟立坡:"楼梯很难的。"

蒋涵宇凑上去帮腔:"多米诺楼梯很难的。"

牟立坡:"我们试试吧。"

小伙伴们都赞同了牟立坡的建议。

说干就干,牟立坡拿了几块单元积木尝试,他每次都是搭建多米诺骨牌的创意者,他搭了3层,边搭边说:"第3个要撑着。"于是他拿了一块单元积木撑在第3层下面:"好的,就这样撑着。"

蒋涵宇:"下面还要撑一块。"牟立坡:"下面不要了,你看,已经牢固了。"

陈天羽:"哇,太好了,要成功了,我去给你们拿积木。"

◆ 图3 ◆ 怎样越搭越高呢?牟立坡思考的时候,王非涂尝试着在3层上又加了一块积木,这样就有了4层。陈天羽也来帮忙。第4层成功了,又有了第5层。王非涂:"1、2、3、4、5,已经搭了5层了。"

◆ 图4 ◆ 牟立坡将一块单元积木竖着放在第1层上(红色圆圈标志区域)。

蒋涵宇说:"搭10层吧。"说完,他就将另一块单元积木横着放在第5层上。牟立坡端详着说:"我们要把积木放成可以倒的样子。"然后他取下蒋涵宇横放的这块积木,又竖放在第3层上,并说:"你看,都这样竖着的话,就可以倒过去了。"

"嗯嗯,楼梯多米诺。"蒋涵宇又拿了一块积木,竖着放在第四层上,看了看他觉得不妥,又放在了第5层上,嘴里还说:"这样子好玩。"

现在，楼梯一共搭了5层，第3层和第5层下面都撑了一块积木，在楼梯上面，第1层、第3层、第5层都竖着放了一块积木。

◆ 图5 ◆ 陈天羽说："这里再垫1个。"于是他拿了1块积木，放在撑第5层楼梯的积木旁边（红色圆圈标志区域）。

◆ 图6 ◆ 牟立坡说："我有一个好主意。"他拿了一块长积木，一头架在陈天羽刚放的积木上，蒋涵宇看到了，马上拿一块单元积木撑起积木的另一头，这样，长积木就架起来了。

牟立坡指着单元积木对其他伙伴说："再去拿点这种单元积木，来搭个楼梯。"刘诚坤、张海涛、陈天羽听了，立马转身去拿单元积木。（从中可看出，现在幼儿对积木名称都很熟悉了。）

陈天羽说："再搭个楼梯走下去。"于是，在长积木的另一头，王非涂、蒋涵宇、陈天羽、刘诚坤开始尝试搭建，牟立坡说："要一层比一层少一个。"搭好后，王非涂边点边说："5层，4层，3层、2层、1层。"

◆ 图7 ◆ 楼梯搭好后，牟立坡说："要竖点积木，这样可以一直倒过来。"他拿起一块单元积木竖着放在长积木上，刘诚坤和王非涂也拿了几块单元积木，依次按一定间距竖着排好。

◆ 图8 ◆ 他和其他几个男孩又继续搭楼梯，1层、2层……搭了4层。（红色圆圈标志区域）

搭建在继续，6个男孩中两人负责搬运，四人负责搭建。

刘诚坤说:"我从来没搭过这个,太好玩了。"

牟立坡很认真地说:"我在电视里看到过这个。"

楼梯搭好了,幼儿都停了下来,蒋涵宇蹲在起点处,看着他们刚才所搭建的楼梯多米诺,问牟立坡:"你确定它能被推倒?"

牟立坡说:"我们再搭一个楼梯,然后试试。"

积木不够了,牟立坡对蒋涵宇说:"你再拿点积木来好吗?"

蒋涵宇很高兴地说:"好啊。"

◆ 图9 ◆ 蒋涵宇拿了6块积木给牟立坡之后,又趴在起点看。

◆ 图10 ◆ 其他男孩还在搭楼梯,牟立坡说:"这个楼梯可以转弯的,我们来转弯吧。"现在,楼梯开始转弯了,牟立坡和刘诚坤继续搭建,其他4个男孩帮忙搬积木。

搭到第7层,王非涂把一块长积木放在上面,牟立坡说:"还不是下楼的时候,还在上楼,待会再放长积木吧。"王非涂看了看楼梯,说:"嗯,好的,待会再放。"于是,楼梯继续往上搭。

◆ 图11 ◆ 王非涂在第8层楼梯上放积木时,不小心碰到了一块积木,于是排列好的积木全部倒了,一直倒到起点处。刘诚坤第一时间跑过来抢救,但没来得及。

◆ 图12 ◆ 其他幼儿没有责怪王非涂,牟立坡说:"不管这些事,你们先重新去搭好。"刘诚坤、陈天羽、蒋涵宇和王非涂立马开始修补。王非涂解释说:"都有楼梯上去,这样就倒不了。"牟立坡说:"楼梯上也是会倒的。"

◆ 图 13 ◆ 牟立坡和刘诚坤继续搭楼梯，其他男孩帮忙搬积木。第 10 层搭好了，牟立坡看了看搭建的楼梯说："再搭一层就下楼。你们看，其实这个已经是我们的墙了。"刘诚坤说："积木都快用光了。"

◆ 图 14 ◆ 孩子们一层一层往下搭，搭到第一层，单元积木没有了。刘诚坤说："关键时刻没有积木了。"牟立坡看一看旁边的积木，想了想，站起来拿了一块厚度和刚才一样，长度比刚才长一倍的积木，举起来，说："这个也可以，你们可以运这个。"刘诚坤看了看所搭建的楼梯，又打量了一下牟立坡手中的积木，马上接过来说："这个好，这个好。"

王非涂拿来 2 块积木，长度和刚才一样，厚度只有刚才的一半，说："这个积木也可以的。"于是，大家去寻找这两种积木。

◆ 图 15 ◆ 牟立坡看了看他们搭的东西，说："我们是不是搭了一个椭圆形的东西啊？"

◆ 图 16 ◆ 蒋涵宇："椭圆？"他看了看说："真的哦，我们搭了椭圆的网。"

牟立坡走到中间说："我们再搭个东西，能不能用这个半单元积木？"蒋涵宇说："半单元积木好像不多了。"

牟立坡指着楼梯最高处说："那边还有的，被城墙给遮住了。"蒋涵宇说："城墙？哪里有城墙？"刘诚坤用手指了指楼梯，牟立坡说："那个楼梯不就像城墙吗？"蒋涵宇很好奇："城墙还有洞。"

王非涂过去找半单元积木,说:"真的,真的有半单元积木。"刘诚坤和陈天羽都过去拿。

幼儿搭着搭着,陈天羽不小心又碰到了一块搭好的积木,楼梯倒了一部分,牟立坡说:"快,那边扶起来,那边扶起来。"

牟立坡接着又说:"这次算是实验,你们知道为什么吗?因为陈天羽不是故意碰倒的。"他走到积木没倒的地方说:"这里没倒下去,所以我们来看看哪个能倒下去,哪个不能倒下去。"

幼儿听说后,都开始检查。在检查的过程中,陈天羽说:"我们要被围起来了。"蒋涵宇说:"我感觉我们五个要被困住了。"

牟立坡也在检查,当看到转弯处排列积木的间距有点大时,就对刘诚坤和陈天羽说:"你们搭的缝隙太大了,拐弯处的缝隙要小一点哦。"两个男孩马上调整好。

◆ 图 17 ◆ 王非涂发现了新大陆一般开心地说:"我们搭的像不像一个浴缸啊?"牟立坡笑看着搭建的作品,说:"嗯,真的好像浴缸哦。要不,我们搭一个八字型的好吗,我们来绕八字。"

◆ 图 18 ◆ 孩子们都赞同,于是他们继续搭建作品。

检查到起点处,幼儿觉得有点问题,于是调整起点处的楼梯。

牟立坡说:"好了,都已经 OK 了。"

搭了一会,王非涂看着搭建的作品,又说:"哎,一个曲线。这像浴缸,一个大浴缸。"他接着说:"我们从这边开始推,还是从那边开始推?"

牟立坡说:"这边吧,这边容易倒,因为那边有一个安全楼梯,不容易倒。"

王非涂在调整间距,不小心碰到了一块,右边的多米诺倒了一部分。

刘诚坤说:"我们走路要小心点,不要很用力地踏,衣服也不能碰到积木,不然会倒的。"

牟立坡说:"现在我们每个人 5 条命,谁碰倒了一次,就减去一条命。王非涂你现在还有 4 条命。"

◆ 图片19 ◆ 张海涛继续搭，右边的多米诺往中间转弯，蒋涵宇把中间不用的积木拿了出来。

◆ 图20 ◆ 牟立坡笑着说："要到浴缸里给多米诺洗个澡。"

大家都赞同牟立坡的说法，并且小心地重新调整多米诺，把右边没倒的一小部分和左边的起点连接起来。

张海涛走到起点问："可以推了吗？"

牟立坡说："还不可以，那边还没搭好呢，再等一会。"

王非涂说："等那边也搭好了，就诞生了一个大的多米诺，像鸟巢。"

◆ 图21 ◆ 牟立坡又对陈天羽说："你在那边搭好一点，你是小小设计师。"陈天宇咧开嘴巴笑了，他搭得更仔细了。

◆ 图22 ◆ 多米诺不知被谁碰到，又倒了一片，牟立坡说："只倒这么点，说明有的地方还没搭好。"牟立坡接着又说："我发现有的缝隙特别的大，有的缝隙特别的小，所以不能让所有的骨牌都倒。"

◆ 图23 ◆ 于是，幼儿一边修复，一边对其他部分再次做检查，重新调整觉得搭得不好的地方，他们还重新摆放了红色圆圈标志区域的积木，并决定把这里作为新起点。检查一遍后，幼儿觉得没问题了。这时，观察的老师友情提醒，能不能到旁边站着看看还有什么地方要调整。大家赞同。

◆ 图24 ◆ 又开始调整，王非涂说："起点还有问题。"他找来几块积木，如图所示放在起点，说："这样一滚就可以倒。"

◆ 图25 ◆ 牟立坡觉得放两块斜坡积木会更好，就又拿来一块斜坡积木，小心地把两块斜坡积木并排放在一起。

◆ 图26 ◆ 刘诚坤发现楼梯处有缝隙，他蹲下来，双手扶着楼梯慢慢移动，生怕又倒了。

◆ 图27 ◆ 蒋涵宇发现有一处两块积木之间的距离太近了，他小心地走过去，轻轻地调整着积木间的距离。

◆ 图28 ◆ 终于调整好，其他小伙伴来参观了，6个男孩很期待。

牟立坡首先介绍："我们搭的是组合城多米诺。"（从楼梯多米诺，到浴缸多米诺，到鸟巢多米诺，再到组合城多米诺，名称已多次变化）然后他指着起点说："那是开始倒的地方。"他用手比画，从起点比画到终点，说："有一条路，这条路不连接。如果连接的话，两边就会一起倒，中间就会被夹到。"

张海涛指着起点处的圆柱体积木说："这个是用来滚的，沿着斜坡滑下去，骨牌就会倒了。"

王非涂说："这是多米诺骨牌上的大桥，在大桥上就会慢慢地倒。"

蒋涵宇指着转弯处的楼梯说："这是多米诺骨牌倒下去的楼梯，可以绕过去。"

陈天羽说："有起点，有终点。这里是一个转弯，就像汽车一样可以掉头。"

大家介绍完，一致推选牟立坡推骨牌。牟立坡开心地笑着，走到起点处，一下子推动圆柱体积木，圆柱体积木滚过去，骨牌一路倒过去……居然一点都没有卡壳，一次性成功了。搭建的6个男孩挥臂欢呼起来，来参观的小伙伴也不由自主地热烈鼓掌。

二、教研分析

事后，在微教研时，我们用视频和图文相结合两种方式给老师们呈现了案例。这些老师中，有本案例中幼儿的班主任黄惠琴老师，有小班的周燕、王文娟和叶彩平老师，有中班的张涛和侯佳老师，有大班的陆节和莫玲英老师，还有分管3个年龄段教学的行政人员侯秋兰、张金和吴文萍老师。

1. 剖析案例。

我们请大家分析这个案例中幼儿的同伴合作情况。

侯秋兰老师：看到了幼儿合作能力的发展，在搭建过程中幼儿有的负责搭，有的负责搬，有分工有合作；看到幼儿能顾全大局，在搭建过程中牟立坡是团队的"主心骨"，大家都听从牟立坡的指挥，绝对服从他的安排；看到了幼儿表达能力的发展，他们边搭建边商量，边讨论边想象，从搭楼梯多米诺到浴缸多米诺再到组合城多米诺；看到了幼儿的坚持，在搭建过程中，虽然多米诺3次倒塌，但幼儿没放弃，一次次地重新搭好；看到了幼儿对同伴的宽容。虽然每次倒塌是被幼儿碰倒的，但是幼儿都没有责怪同伴，而是把倒塌作为试验多米诺搭建成功与否的机会。

吴文萍老师：6个幼儿中，牟立坡是他们的领导者，大家都听从他的安排；幼儿的合作意识很强，一开始牟立坡在尝试时，陈天宇就自告奋勇："我去给你们拿积木。"牟立坡思考怎样越搭越高时，王非涂尝试着在3层上又加了一块积木，陈天羽也来帮忙；有人负责搭，有人负责拿材料；在搭建过程中，出现3次倒塌的情况，但是他们没有放弃，而是继续坚持搭建；幼儿都很友好，多米诺骨牌中途倒塌，幼儿不但没有互相责怪，还把它作为一种对多米诺的试验机会。

周燕老师：他们经过商量，有的搭建，有的搬运，分工明确、合作愉快，正是这样的搭建氛围，他们才能一起搭建出自己想要的作品。

王文娟老师：牟立坡其实是指挥者，指挥其他幼儿进行搭建。在搭建过程中，幼儿也会由于不小心导致多米诺骨牌突然倒塌，但是他们不退缩，总是互相帮助，重新再来。最后随着多米诺骨牌全倒，幼儿体验了搭建活动的成功。

叶彩平老师：幼儿在搭建过程中体现出了商量的意识和行为。开始时，他们先一起商讨搭建的主题。整个搭建过程中有负责搬运的，有负责搭建的。过程中也有过调整作品的时候，刚开始他们商定搭楼梯，搭着搭着感觉自己搭的是城墙了，再往后又感觉自己搭的是浴缸了，幼儿的想法随着自己搭建作品的外形而有所变化，但他们始终带着一定目标，那就是要让多米诺骨牌能够顺利地倒下。当然过程中也有不小心弄倒的时候，幼儿能相互体谅，没有因为一个人的不小心而相互埋怨，这也是非常好的合作品质。幼儿对多米诺骨牌的原理也非常清楚，能够随时调整多米诺骨牌之间的距离，以确保多米诺骨牌能够全部倒下，所以才有了幼儿最后的成功。

侯佳老师：虽然是6个小伙伴一起合作搭建，但是牟立坡的主导作用很明显。整个建构过程很顺利，幼儿之间的合作也很愉快。在搭建过程中，幼儿遇到困难主动积极地商量并解决问题。虽然多米诺骨牌倒了3次，但他们没有放弃，还是在坚持搭建，大胆尝试。

张涛老师：幼儿分工合理，他们尝试在楼梯上搭建，并且不断挑战高度，越垒越高。在搭建的后期，幼儿脑洞大开，运用了以物代物的方法，完成了搭建。

黄惠琴老师：多米诺骨牌对于幼儿来说并不陌生，他们很喜欢，有的幼儿家里也有，在搭建上也有了一定的基础和实践经验。他们在搭建时，分工、合作，很专注，每个人都有自己的想法，每个人也都能接纳别人的想法。

2. 经验提升。

教研主持人在梳理老师们的讨论后，对本案例进行了系统梳理，让大家的经验得到提升。

这是一个非常经典的案例。在这个案例中，我们发现以牟立坡为首的这几名幼儿，因为兴趣，他们就经常来到积木区，并且多次在积木区玩多米诺骨牌。他们的搭建具有一定的偶然性，也许是突然想到的，也许是以往看电视想到的，也许是他们议论到的。他们的搭建有可能今天比较复杂，明天相对来说是简单的，后天又可能完全不一样了，但在偶然的背后有其必然，这个必然就是他们的兴趣、他们对搭建活动的关注、他们的建构能力和搭建经验。

我们老师也从来没有打扰过幼儿，每次只是静静地观察，唯一做的支持是在发现积木不够用时，就多给一点；发现空间不够大时，就扩展一点。所以，我们这次不分析经验，不分析材料，而分析组合城多米诺能够成功的3大关键要素。

成功要素之一，幼儿之间良好的合作。一般来讲，男孩都是大大咧咧的，而这6个男孩在一起，给我第一印象就是良好的合作状态。这个合作活动分工明确，幼儿之间配合默契，他们的默契甚至都不用语言来表达。

6个人中，牟立坡是自然领袖，大家都听从他的安排。一开始的搭建主题是牟立坡确定的；搭建初始者和终结者是牟立坡；什么时候搭楼梯台阶以及搭多少层是牟立坡决定的；什么时候拐弯是牟立坡判断的；拿怎样的积木是牟立坡在指挥；甚至最后举手表决时，大家也是一致推荐由牟立坡第一个介绍，并由他在起点处推骨牌……牟立坡展现了很强的变通能力，就如他一开始提议搭楼梯多米诺，后来搭着搭着小伙伴说像浴缸多米诺、鸟巢多米诺了，于是在最后介绍作品时，他就说"我们搭建的是组合城多米诺"，可见他能根据情况变通，而且我们发现他的概括能力也是很强的。

6个人在合作中，大家都有很强的合作意识，组员分工互助。一开始牟立坡在尝试时，陈天羽就自告奋勇："我去给你们拿积木"；在整个搭建过程中，有人负责搭建，有人负责拿材料，从始至终分工明确，合作意识伴随所有的幼儿。即使在调整阶段，大家也是很好地去观察、修复，积极地互相配合。

6个人的合作中有契约精神，大家友好相处。虽然中间不小心把骨牌碰倒，但小伙伴不但没有互相责怪，反而把它作为一次作品试验机会；帮忙及时调整作品。当第3次碰倒时，牟立坡迁移其他游戏经验，提出"每人5条命，碰倒就少一条命"的游戏规则，他用这个建议希望小伙伴都小心一点，专注一点，珍惜搭建好的作品，后来幼儿的动作很明显变得小心翼翼了。其实，合作不仅仅是大家在一起而已，还有契约精神，这样才能更好地配合。

成功要素之二，幼儿的专注和坚持。这个组合城多米诺是一个庞大的工程，幼儿能够搭得如此壮观，并且有如此复杂的立体造型，不是一会儿就能完成、也不可能轻易就成功的。他们从低搭到高，从高搭到低，错落有致，这样的作品需要专注力和毅力；在搭建过程中，作品倒塌了3次，但幼儿没有出现"倒了，就算了"或者"第二次倒了，就不愿再继续"的现象，而是倒了再搭建，倒了再搭建，表现出极大的专注力和持久性。

成功要素之三，幼儿是喜欢挑战的。自然领袖提出搭建楼梯多米诺，其他幼儿都信服他、跟随他，在他的指挥下进行挑战。幼儿是渴望成功、渴望创造的，更是喜欢挑战的。搭建复杂的造型是他们对自我的挑战，能够一次性成功地推倒更是挑战。为了成功，骨牌倒了再来，倒了再来；为了成功，幼儿不断调整多米诺骨牌的距离；为了成功，他们互相提醒"走路要轻、衣服下摆不能碰到骨牌"……所以最后才能一次就成功，才有了幼儿的欢呼雀跃。

3. 后续思考。

幼儿期是个性、交往和合作能力发展的启蒙期，我们希望通过努力激发幼儿合作的愿望和意识，使他们具有初步的合作能力，体验到合作带来的愉悦。所以我们观察了很多班级，发现每个班级幼儿的合作情况各不相同，有的班级幼儿的合作非常友好，有的班级幼儿的合作不是太和谐。而苹果班友好的合作比比皆是，从"组合城多米诺"的案例也看得出，幼儿友好的合作状态和自发的契约精神，不是老师当场引导出来的，而是自主自觉的。苹果班的老师到底做了一些什么工作，幼儿为什么能自发地、默契地、友爱地合作搭建作品？这让我们很好奇。于是，我们特别关注了苹果班的黄惠琴老师和吴晶老师，希望从她俩身上找到教师给幼儿的引导和影响是什么。一个阶段的跟踪观察后，我们强烈感受到一个好老师带出了一批好孩子，黄惠琴老师和吴晶老师一直在做"以关系为基石的教育"，他们班有良好和谐的人际关系。

首先，她们对所有幼儿一视同仁。这个班有个自闭症幼儿，上午半天在学校，吃过饭家长就接到康复中心做康复。黄老师对每名幼儿都很公平，她以身作则，关爱这名特殊的幼儿，其他幼儿跟这名幼儿也都是好朋友。其次，她们尊重幼儿。两位老师特别关注幼儿的真实问题和真实感受，立足幼儿真实生活本身，将教育行为贯穿在一日活动中，将每一次直接或间接的行为往来，一点一滴地在生活中进行实践，并都当成促进幼儿社会性行为养成和发展的契机。最后，她们支持幼儿。两位老师用了很多支持幼儿交往合作的策略。在阅读区有很多绘本，其中有一类都是关于交往合作和做朋友的，比如《小老鼠和大老虎》《小黑鱼》《蚂蚁和西瓜》。主题墙上，有幼儿自己梳理的关于处理矛盾的小妙招，比如螺丝螺帽等材料要放在中间大家都可以拿到的地方，不能只方便一个人……记录本上，有幼儿自己表征的、积累的关于交朋友的办法。

幼儿是渴望与人交往的，苹果班从幼儿交往和合作的年龄特点去分析，让教育顺应幼儿内心的需求。苹果班幼儿能充分获得积极的、正向的情感支持，他们自信、独立、主动，有自己的生命节律、生活秩序、思维特征和情感表达，因而在活动中经常出现"组合城多米诺"案例中的和谐合作现象。

我们学习《3-6岁儿童学习与发展指南》中关于社会领域的目标和教育，再划出本案例中体现的点，以及针对自己班级可以去实践的点；我们持续一周进行游戏观察，请老师们关注自己班级的幼儿是怎么合作的，并拍摄视频，然后分享给大家；我们又将"组合城多米诺"视频和全园幼儿共享；我们学习刘晶波老师的文章《我国幼儿园社会教育实践革新的几个关键命题》，学习《儿童的一百种语言》中关于"以关系为基石的教育"，引导老师认识社会领域教育的重要性，并不断进行充分而深刻的自我教育，从而促进幼儿社会性的健康发展。

第五章 沙盘区

一、沙盘区的开设

回忆童年时代的我们，再观察现在的幼儿，大家都对普普通通的沙子充满兴趣，很多玩具，都无法与大自然赐予的沙子相媲美。沙既是固体，又是流体，它有无限的形态和不尽的玩法，从根本上满足了幼儿内心的探索需求。

我园地处苏南，没有"沙"的地利资源，但我们有两个沙池，幼儿特别喜欢。通过多次观察，我们发现原有的沙池不能满足幼儿的需求，所以在进一步建好沙池的同时，2017年初又为每个班购置了一大一小2个沙盘，于是每个班级都在走廊里创设了沙盘区。

沙盘一共3层，下面2层敞开，可以摆放各种辅助材料和绘本，最上面一层是蓝色的，像大海一样，里面放着白沙。

二、在沙盘区看到了什么？

每次区域游戏时，我们发现幼儿都想去沙盘区玩。幼儿对沙有与生俱来的喜爱，常常小手小脸上沾满沙子也毫不在乎，玩得非常开心。每天离园时，幼儿总会拖着爸爸妈妈或者自己的好朋友一起到沙盘区玩一会。

幼儿在沙盘区是这样玩的。

最初，幼儿只是简单地堆、画。他们或用双手推沙子、堆山尖尖，或在沙盘里画地图。虽然很难成功，但幼儿百玩不厌。

后来，幼儿开始利用玩沙工具玩沙子。他们用铲子将沙子铲到瓶子里，再倒出来，一遍又一遍。

再后来，随着沙盘里的东西越来越多，幼儿的创意也越来越丰富，他们会选用自己需要的材料进行各种不同的组合，堆起了城堡、沙滩、大海、恐龙园以及生活中见到的各种各样的东西。

幼儿的创意渐渐多了，我们的困惑也随之产生，沙盘区经常出现这种现象：一个幼儿建构战争攻击场景，个个都跟着学，即使建构的角色是奥特曼，也总是建构它在和别人厮杀的情景。

深入观察后，我们发现，幼儿缺少玩沙的经验，缺少玩沙的计划性，玩沙子的随意性比较大……

三、沙盘区的微教研

我园的微教研是根据幼儿的兴趣和发展进行的,针对幼儿在沙盘区的种种表现,我们开展了沙盘区的微教研。

首先,外出学习取经。带着有关沙盘区的困惑,我们安排吴文萍等4位老师一起前往有丰富玩沙实践经验的江苏省宿迁第一实小幼教集团取经。他们回来后分享学习心得并进行实践活动,慢慢地,老师丰富了和幼儿一起玩沙的经验。

其次,为了能够汲取到更多的经验,我们又把宿迁第一实小幼教集团章兰园长请来给全园教师做培训,让老师们了解玩沙的一般流程:主题生成—制定计划—自主选材—尝试创新—分享交流—变更条件(在活动基础上,有什么新的发现,幼儿又形成新的主题,教师再进行提炼)—主题生成。培训后,老师借鉴宿迁第一实小幼教集团经验,调整了沙盘区的一些做法。

2017年6月6日,葡萄班(大班)两组幼儿选择了玩沙,玩沙主题均来自于幼儿,一组玩"大海世界",另一组玩"我们的动物园",两组在玩沙时又都出现了新问题。在"大海世界"案例中,幼儿忙于辅助材料的堆砌,只是在沙盘里玩建构,忽略了沙本来的特性。在"我们的动物园"案例中,幼儿有计划地玩沙,他们在沙盘中建构,在沙盘中畅想,状态和能力令我们惊喜,但是,实际建造的沙盘作品与最初在图纸上设计的内容并不一致。所以,我们以这两个案例为基础,启动了系列教研活动。

第一节 大海世界——孩子们是在玩沙吗?

一、案例呈现

2017年6月6日,葡萄班(大班)6名幼儿,自觉分两组玩沙盘游戏。

◆ 图 1 ◆ 吴鑫林、王紫晴、葛浩宇 3 名幼儿设计的图纸。

◆ 图 2 ◆ 王紫晴把设计的图纸放在两个沙盘中间，就开始玩起来。

吴鑫林、王紫晴、葛浩宇 3 个人一组，他们想在沙盘玩"大海世界"，于是他们共同设计图纸：大海里有"虾兵蟹将"和各色水草，有可以载着自己去旅行的船，海面上有飞来飞去的海鸥。

◆ 图 3 ◆ 他们先找了很多 KT 板，用来建构。

◆ 图 4 ◆ 后来他们又找了积木来建构。

他们找了一些海底生物摆在沙上。然后，开始寻找材料，准备搭轮船。先是找了很多 KT 板条，很努力地建构，一次没有成功，再试，一直不成功，20 分钟过去了，轮船始终没有搭起来。

海面上的海鸥，更是无法完成。关于搭建海鸥幼儿有一段精彩对话。葛浩宇问吴鑫林："海鸥在天上，怎么弄？"

吴鑫林："啊？怎么弄呢？"

葛浩宇提议："海鸥要在上面飞呢，待会你举着海鸥吧。"

吴鑫林："手会酸的。"

葛浩宇换了个想法："唉，那怎么办呢？要不，用一根钓鱼竿把它钓起来吧。"

KT板再一次倒塌后，吴鑫林说："我们换一种材料吧，这个实在太难搭了。"

王紫晴、葛浩宇都表示赞同，他们把KT板和海底生物都放回了材料区，开始寻找新材料。

我很好奇，就问："为什么要把这些'鱼虾'拿走？"

葛浩宇说："这些鱼和海星放在这里，我们不能好好地搭，老是会碰到的。"

王紫晴说："轮船搭好了再拿过来吧。"

他们找到的新材料是积木，有各种形状的。

先建构底舱，底舱的前后都用一块一块的三角形积木拼合，很美。

然后，他们又在两边各用两排积木夹住竖着放的长积木，还在上面和中间都用长积木将左右两边连接起来……

◆ 图5 ◆ 幼儿正在建构积木轮船。

◆ 图6 ◆ 继续尝试、调整、完善，轮船雏形初见。

◆ 图7 ◆ 现在，王紫晴把两只海鸥放在了轮船顶上。

这就是幼儿在沙盘里用积木搭建的"大海世界"。后来,他们又在轮船旁边的沙上放了些小石头和"海底生物"。

二、教研探讨

1. 看视频讨论沙盘游戏。

我们组织教师集体观看了该案例视频,并进行剖析,从这个案例中大家看到了什么呢?

大家都觉得这好像不是沙盘游戏,而只是一个建构游戏,幼儿建构的内容,开始是用KT板做,后来是用积木完成的,在整个过程中,幼儿没有关注沙的特性,没有发挥沙的作用。随后,我们组织大家讨论、寻找这个案例变成建构游戏的原因。

有的老师回忆,可能我们给幼儿玩沙的时间太少了,沙盘刚投放的头两天,因为没有辅助材料,幼儿是玩沙的,但增添了辅助材料后,幼儿就不玩沙了,所以幼儿对沙子的特性并不清晰。

有的老师认为,提供的辅助材料太多了,给幼儿的冲击远远大于沙子,所以幼儿眼里只有辅助材料。

也有的老师认为,幼儿可能好模仿,看到别人都用辅助材料玩,就也会尝试用辅助材料玩。

还有的老师认为,幼儿急于表现主题内容,但用沙很难快速完成……

2. 教师探索沙盘游戏。

◆ 图8 ◆ 教研现场,小班老师在沙盘里玩主题游戏,沙盘里堆满了材料。

讨论之后，我们请老师用同样的沙盘，面对同样多的辅助材料去尝试沙盘游戏。试过之后，老师感触很深，都说看着材料定主题，满眼看到的是辅助材料，而忽略了沙这个主材料，又因为急于完成设想的主题，所以最后沙盘变成了材料摆放区。

这次尝试之后，我们想，既然沙有特殊性，是否应该先让幼儿充分玩沙呢？于是老师们开始了"沙的自然探索"之实践。

◆ 图9 ◆ 保安薛爷爷和张金老师在玩沙。

◆ 图10 ◆ 吴文萍老师在沙盘里建设盘山公路。

我们请老师来玩沙，但不要用辅助材料。

张金老师说："沙可以随意塑形，我想造一个金字塔。"

保安薛爷爷说："我随便玩玩的，挖了一条河，还想堆山脉。"

吴文萍老师说："我想做一条弯弯曲曲的河流，沙是散的，很难划开，需要多次重复，河流的样子才成型，但成型后的河流很流畅，别的材料无法达到这种效果。"

她又说："我在堆好的山坡上造了一条盘山公路，建公路时手指划过之处，自然成形，一气呵成。"

黄玉芬老师说："我握着沙，用了很长时间让沙慢慢从指缝里滑落下去，我很享受沙漏下来这种感觉，而且沙漏下来也能形成山丘，样子比用手堆起来的好看。"

◆ 图11 ◆ 吴晶和陆节老师玩沙。

◆ 图12 ◆ 红色圆圈所示区域为"山洞"。

吴晶老师说:"沙子比较细腻,能够堆出山、路、小鱼等没有棱角的东西,而且在上面画画很顺畅。"

陆节老师说:"沙子很滑,从手指间流下去构成的作品很流畅、很自然,但是因为沙子的流动性,做出来的作品立体性没有那么明显。"

张金老师说:"我试着在沙表面洒了些水,发现沙子下滑的速度减慢了,而后,边堆砌边根据需求加适量的水,最后在陆节老师的协助下成功造了一个螃蟹山洞。"黄玉芬老师说:"加了水之后,沙子更容易塑型,不管是堆砌,还是印刻,都比较容易成功。"吴文萍老师说:"加了水的沙子比较容易成型,我做了一条山脉。"

◆ 图 13 ◆ 保安薛爷爷说:"加水后,我堆了一个蒙古包。"

◆ 图 14 ◆ 吴晶和陆节老师变出的恐龙。

吴晶老师说:"加水后,可以造有棱角的东西,比如恐龙、金字塔、坦克、城堡等。这是我和陆节老师一起变出的恐龙。"陆节老师说:"加水后,沙子的可塑性更强了,能建构的作品的种类也更多。但是加水后,作品的整体风格比较刻意,没有了加水前的自然性。"

以往,幼儿的玩沙盘游戏老师从来没有玩过,就想当然地认为丰富多样的材料会有助于幼儿游戏,所以提供了太多的材料,没想到这样反而减弱了幼儿对沙子本身的自然探索。如今,老师现场教研,发现了沙的特性,了解到沙与水结合能够帮助幼儿更好地进行玩沙活动,老师们觉得要暂时撤走所有辅助材料,给全园幼儿纯粹玩沙的时间、空间和机会。

3. 幼儿玩没有辅助材料的沙盘游戏。

撤走了所有辅助材料,幼儿会如何玩沙呢?我们又开始实地观察。

◆ 图15 ◆ 幼儿亲密接触沙。

◆ 图16 ◆ 幼儿各有自己的创意。

幼儿把沙往中间聚拢。

夏煜城说:"我搭火山。"

吴烜垚说:"我要搭很多东西呢,蛋糕、冰淇淋、下雪天,还有大海。"

王依依说:"我搭小岛。"

吕本宇说:"我搭的是两座山,中间一座桥,可以从这座山走到那座山。"

王依依用食指在小岛上画了一条弯弯曲曲的路,觉得不行,重新抹平,又画了一条"蜗牛线",再次抹平,然后在"小岛"旁边做了条河,在小岛上筑了一条通往岸上的路。

吴烜垚挖了条小河,夏煜城也在火山旁边挖了条小河,然后两人把两条小河连起来变成了一条大河。

◆ 图17 ◆ 殷孜涵(右一)搭了个游泳池,李心心(左一)说:"我想搭个恐龙。"王馨和余珺瑶(右二)两人一会儿把沙垒起来,一会儿抹平,一会儿又在沙上绕圈圈,最后,余珺瑶把沙往边上推,变出了一片海。殷孜涵在游泳池旁边搭了个公园,她说公园里有像火山一样的滑滑梯。

◆ 图18 ◆ 幼儿探索沙子。

老师们观察几个沙盘游戏后发现，没有了辅助材料，幼儿或者在堆山，或者在挖河，又或者在筑路……幼儿有什么感受呢？

李心心："沙是沙沙的，堆沙很好玩。"

吴烜垚："用沙可以挖河，火山有点脆弱，搭不起来。"

王依依："我觉得沙是软软的。"

夏煜城："沙很酷，可以挖小河，可以运来运去。但是只能搭平平的东西，如果搭房子，很容易就会倒下来。"

殷孜涵："干的沙搭不出来立体的东西，如果戳一个洞洞，沙就会掉进去。"

老师又问加了水的沙可以玩出什么，幼儿说加了水的沙能够黏起来了，他们捏捏、压压、搓搓、团团，做着自己喜欢的东西。

吕本宇说："加了水，沙子有点硬了，就像盖房子的水泥一样。"他做了一个蛋糕："我做的是两层蛋糕，这些洞洞是装饰，上面有面包、彩色奶油，围起来的是巧克力。"

王依依说："加了水以后，很黏，很软，还有点重。我这个是雪人，上面是它的头，头上有眼睛和嘴巴，旁边是手，下面是它的身体，这个洞洞是纽扣。"

吴烜垚说："这个是火山，洞里会喷岩浆。"他又说："加了水以后，湿的沙子可以搭城堡，可以做雪球，可以滚雪球，堆雪人。"

夏煜城说："加了水很好玩，搭的东西不会倒下来。这是小鲸鱼，鲸鱼上面有个小屋子，小孩可以进去，也可以出来。因为我在电视里看到大象身上坐着人，所以想到的。"

◆ 图19 ◆ 余珺瑶的太阳岛。

◆ 图20 ◆ 殷孜涵的鳄鱼。

李心心说："我做了个大乌龟在海边的沙滩上爬。加水之后可以捏在一起，捏成一个形状。"

王馨说："我和余珺瑶在海里搭了个太阳，所以给它起名叫太阳岛。这个边上的是沙堡。"

余珺瑶说:"太阳岛旁边有火山,倒计时会喷发。"幼儿一起数了起来:"10、9、8、7、6、5、4、3、2、1。"

殷孜涵说:"我加了水以后,这些沙子就很容易立起来,可以做一个沉在海底的鳄鱼和金字塔。"

在案例中,幼儿了解了沙子的特性,发现干沙有流动性,可以随心所欲地想象和搭建,他们还发现加水以后的沙子变得凝固,凝固就能成型,就能创意出不一样的东西。

4. **持续深化沙盘游戏。**

当老师和幼儿都玩过沙子之后,我们对沙子有了更深的认识,但也清楚地看到了自己的不足:我们没有真正追随幼儿,更没有给幼儿时间和空间对沙子进行自主探索,我们只是在学习其他幼儿园玩沙游戏的形式,而对沙盘游戏没有"知其所以然"。所以,老师们急需学习如何开展沙盘游戏。

(1)对话专家。

我们请宿迁市第一实小幼教集团章兰园长来做微教研,了解沙盘游戏的来历、功能价值以及操作要点。原来,沙盘游戏是以荣格心理学原理为基础,由多拉·卡尔发展创立的心理治疗方法,尤其对那些患有多动症的幼儿有康复训练的作用。

(2)对话书本。

我们收集有关玩沙的理论文章,组织老师们学习。比如华东师范大学学前教育系郑楚楚有一篇文章《沙盘游戏疗法在特殊儿童干预中的应用及问题》,我们学习后对照沙盘游戏中幼儿的行为表现,来理解沙盘游戏疗法是使用沙、沙盘以及有关人或物的微缩模型来进行治疗的一种方法。

(3)对话实践。

系列教研和实践之后,老师们意识到不能用自己的想当然来控制幼儿,老师不要急于掌控活动节奏,而要往后退、再往后退,要慢一点、再慢一点。而幼儿在自由自主的空间里,玩沙、嬉沙,体味着沙的流动,建造着高山、大海、金字塔、恐龙城。沙的流动性和可塑性赋予幼儿极大的想象、创造空间,沙盘游戏在幼儿的发展中起到了其他游戏所不能替代的价值。

进行了几次微教研之后,我们对辅助材料也有了自己的想法:积累了玩沙经验之后,就可以适当提供辅助材料,这样对于主题性搭建是有一定帮助的。比如,幼儿要在沙滩上种棵树,用沙很难完成,如果提供辅助材料,也许就可以。再比如,用沙堆了沙滩椅,如果还想打一把太阳伞,就可以借助辅助材料来实现。《沙盘游戏疗法在特殊儿童干预中的应用及问题》中也提到:"各主题的微缩模型可以任意拿取、摆放,使得儿童在操作沙盘时获得极大的自主性和操控感。"

在沙盘游戏中，我们给了幼儿更多自主空间后，他们的玩沙游戏就更精彩了，而我们也在静下心来看幼儿、听幼儿的过程中，越来越多地感觉到，要从幼儿的视角去理解他们，并从教师专业的视角去观察、解读并回应，这样才会促进幼儿真正的发展。

◆ 图 21 ◆ 火车隧道。

◆ 图 22 ◆ 游泳池。

第二节 我们的动物园
——孩子们是按设计图搭建的吗？

一、案例呈现

1. 设计我们的动物园。

2017年6月6日，葡萄班（大班）翁晓晨、吕本宇、李浩轩三个人是玩沙盘游戏的另一组，在仔细观察沙盘区的各种材料后，三个人商定今天的主题："我们的动物园"。

第五章
沙盘区

◆ 图1 ◆ "我们的动物园"该怎么搭建呢？孩子们决定先画设计图。他们取出一张A3纸，吕本宇第一个落笔。

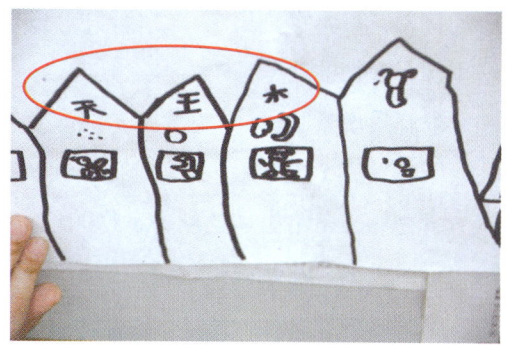

◆ 图2 ◆ 他画了一个又一个尖顶格子，并在第一格里写了一个"土"字，字的下面配了两个小图标，接着在第二格里写了一个"天"字，同样也在下面配了两个小图标，他还完成了第三格"王"、第四格"木"的设计。

在旁观察的老师很好奇，指着图2红色圆圈区域的文字，问："小朋友，这是什么呀？"

吕本宇回答："这是字啊。"

老师："哦，原来这是字，那这个字代表什么意思呢？"

吕本宇："字代表在什么地方住。"

翁晓晨帮着解释说："第一格'土'是蛇住的地方，因为它住在土里，喜欢吃肉；第二格'天'是鸟在天上飞，它爱吃小米。"

吕本宇接着说："'王'是老虎住的地方，他喜欢吃肉；'木'是猴子住的地方，它喜欢在树林里，它最爱吃香蕉和桃子。"

◆ 图3 ◆ 吕本宇画出红色圆圈区域所标志的第5格。

◆ 图4 ◆ 翁晓晨和李浩轩也加入了图纸设计的行列。

接着，吕本宇画出图3红色圆圈区域所标志的第五格，李浩轩建议："我们可以在这里画有食物的地方。"

翁晓晨说："可以画些米。"

于是，三个人你一笔我一画，在这一格画出了米粒、肉、菜等东西，并说："这是一个食物场，是给小动物准备食物的地方。"

最后一格，幼儿说是车子运货的地方。

翁晓晨突然拿过一张A3纸说："我应该在这里画一个大大的商场。"

听到翁晓晨这样说，吕本宇说："哎，你不加入我们队啦？"

翁晓晨说："我在你旁边画，我们可以连起来。"

吕本宇随即说："那你就画一个动物玩具商场。"

翁晓晨欣然同意。

◆ 图5 ◆ 幼儿边商量边设计，吕本宇请李浩轩设计大门。

◆ 图6 ◆ 红色圆圈标志的区域是翁晓晨设计的漫画区。

接着，吕本宇又转头对李浩轩说："那你画一个大门吧。"

李浩轩低低地连声重复"大门，大门"，并行动起来。大门画好后，停顿几秒，李浩轩开始商量："吕本宇，我的大门和你连在一起，好不？"

吕本宇连连说："好，好。"

翁晓晨的动物玩具商场造得怎样了呢？

他说："我要在这里画一些毛毛虫和熊。"

吕本宇问："这里就只卖毛毛虫和熊？不卖我的动物？"

翁晓晨立刻接受建议，在动物玩具区域画上了蛇、老虎、猴子等动物。

当吕本宇又提出疑问："这里只卖动物吗？"

翁晓晨指着图6红色圆圈标志区域，解释道："不，还有关于动物的漫画。这些漫画书是赠品，谁买动物玩具就送他这个动物漫画书。"

◆ 图7 ◆ 3个人继续设计。

◆ 图8 ◆ 3个太阳出现了。

李浩轩边思考边画着太阳，他说："天气不好的话，人们怎么可能到动物园玩呢？下雨的话小动物也不会出来的，会在洞里躲雨的。"

此时，李浩轩和吕本宇的画面上同时出现了太阳，观察的老师轻声发问："为什么你们的设计图上会有2个太阳（图8红色圆圈标志区域）？"

李浩轩说："因为太阳不可能在一个地方的，它也要出去透透气的。"

老师说："你们需要商量一下太阳到底在哪里吗？"

翁晓晨建议："那就放在左边和右边。"

吕本宇则认为："太阳可以分早上、中午和下午。我画的是中午的太阳（中间那个），李浩轩画的是早上的太阳（右边那个），翁晓晨，你画一个下午的太阳。"

于是，翁晓晨在图8蓝色圆圈标志区域画了一个太阳。现在，太阳由2个变成了3个。

◆ 图9 ◆ 吕本宇在翁晓晨画好的灯泡里画动物的样子。

◆ 图10 ◆ 李浩轩指着红色圆圈标志区域说："这是通向动物园的路。"吕本宇说蓝色圆圈标志区域是"卖票屋"。

翁晓晨在动物玩具商场除了画出吕本宇设计纸上的蛇、鸟、老虎、猴子，又画了长颈鹿、豹子等动物，还解释说："如果一直看那几样动物会看腻的，多了就不会看腻了。"

最后，他在图纸上画了线和灯，说："到了晚上就把灯打开，商场里就亮了，灯上还会照出动物的模型。"

此想法得到了吕本宇的高度认同，他提笔就在翁晓晨画好的灯泡里画动物的样子。

李浩轩指着图10红色圆圈标志区域说："这是通向动物园的路，路边有房子，路上有斑马线，还有红绿灯。从这条路可以走到动物园门口，然后就到吕本宇的动物住的地方了。"

而吕本宇在同伴不断完善设计图的同时，也在图10蓝色圆圈标志区域画了一个小格子："这是一个卖票屋，人从地下道走上来，就可以在这里买票。卖票的人要一直坐在这里，里面有张床是给他睡觉的。就像我们幼儿园的保安叔叔一样，要住在里面的。"

◆ 图11 ◆ 完整设计图。

◆ 图12 ◆ 3个人解读设计图。

3个人将3张设计图连成一片。李浩宇从"人"的角度出发，考虑到天气、环境等因素，绘制了"从家到动物园"的路线；吕本宇借助已有的动物园游玩经验，从园内场景出发建造了一个又一个小型的"动物家园"；翁晓晨从园内配套设施出发，创造了"动物玩具商城"。3个人共同完成了"我们的动物园"平面设计图。

幼儿以"故事接龙"的形式讲述自己的设计。

李浩轩："我造了一条通往动物园的路，这里是小区，有2栋楼，1个是1号楼，1个是2号楼。有太阳的时候，就去动物园，要是下雨就会比较麻烦，最好不要去。"

讲完后，李浩宇提出想要修改设计图，于是提笔在图12红色圆圈标志区域画上了1个"⬅"，表示动物园入口处。

在设计过程中，我们看到了幼儿整体的设想和对细节的把握，他们运用生活经验，迁移生活经验。

2. 建设我们的动物园。

◆ 图 13 ◆ "我们赶紧去做吧。"在李浩轩的建议下,他们拿着图纸来到沙盘区,将其张贴在沙盘旁边的黑板上。

◆ 图 14 ◆ 开工了。

正式开工了,吕本宇拿起 3 节小车厢:"我要在动物园里造 1 辆小火车。"并对翁晓晨发出邀请:"我们先一起造一条路吧!"于是,他俩一人徒手、一人用小铲子合作打通了一条路。"我需要动物,你把所有的动物都给我。"吕本宇急切地边寻找边对李浩轩说。"那别人也需要时怎么办?我们还是需要多少拿多少吧。"李浩轩轻声提醒着。

◆ 图 15 ◆ 吕本宇专注于研究火车可以干什么。

◆ 图 16 ◆ 翁晓晨拿起一串磁铁说:"假装我们这里刚开业,这个是鞭炮。点着了,噼里啪啦……"

翁晓晨看了设计图,边搭建边说:"动物玩具商场就在这。"

吕本宇则继续专注于探索火车可以干什么,并和翁晓晨协商:"这是一个运动物的地方。"

翁晓晨查看了图纸,指着图纸中间区域说:"这上面没有说运动物啊。"

"好吧。"吕本宇接纳翁晓晨的建议,把动物从小火车上取了出来。

此时的李浩轩则在寻找一些材料，想要帮翁晓晨在图15红色圆圈标志区域搭一个"卖动物玩具"的地方。

◆ 图17 ◆ 吕本宇用KT板建构动物家园，李浩轩找骆驼区的标志。

◆ 图18 ◆ 翁晓晨发现了一个羽毛球，一边摆放一边说："这个可以做卖票屋，卖票的人可以住。"

一旁的吕本宇正用一根又一根窄窄的KT板长条搭建动物家园。热心的李浩轩一直在帮忙，他首先把沙盘右侧的动物运到吕本宇处，接着又去找了一个红色标记："这里放个标记，表明是骆驼区。"

◆ 图19 ◆ 翁晓晨第4次看设计图后，想建造漫画店。

◆ 图20 ◆ 卖漫画书的商店造好后，翁晓晨将2个磁铁或3个磁铁并一起，做成了一本又一本漫画书。

他又去看了一下设计图，这是他第4次看设计图。他自言自语："还要一个漫画店。"于是，他又在材料筐里找了几块KT板安放在图19红色圆圈标志的区域："这个可以做漫画店。"随着漫画商店位置的确定，原本作为售票屋的羽毛球被向前移了。

◆ 图 21 ◆ 吕本宇建造动物迷宫。

◆ 图 22 ◆ 翁晓晨种草。

吕本宇忽然意识到:"我们这是动物区域,动物随时要跑的,要不我们搭成迷宫的样子吧,这样动物就很难跑出去。"

在旁协助的李浩宇赶紧帮忙,渐渐地,"迷宫动物家园"雏形初现。

翁晓晨拾起散落在沙盘一角的材料,说:"动物吃东西的地方还没有搭。"又说:"这是给动物吃的草。"

◆ 图 23 ◆ 吕本宇在搭建过程中,挪动了羽毛球(卖票屋)的位置,翁晓晨随即把他拉到图纸处进行比对。

◆ 图 24 ◆ 考虑到有些动物吃草,有些动物吃肉,翁晓晨将鱼竿找了出来,还决定在沙盘里面建造小河。

◆ 图 25 ◆ 翁晓晨和李浩轩开挖了小河。

◆ 图 26 ◆ 第 4 次移动了羽毛球的位置,吕本宇说做钓鱼用的桶。

翁晓晨建造小河的想法得到了李浩轩的认同，2个人在沙盘里开辟了一处区域，挖出了一条小河，并找了一些大大小小的鱼放在里面。同时，小河的位置靠近菜地，翁晓晨认为："我们造的这条河，可以钓鱼给熊吃，水还可以用来浇菜。"

　　此时，羽毛球又出现在了小河周围，这已经是第4次变换位置了，到底是怎么回事呢？吕本宇说："小动物不是要吃鱼的吗？这个就是小猫钓到鱼后放鱼的桶。"哦，原来如此，羽毛球再一次移动位置是因为功能变了。

　　吕本宇还分享了这个区域发生的故事：这辆大吊车在挖一条河，还没挖好，正在施工，可能会伤到钓鱼的小猫，警察叔叔要把小猫叫走，告诉它等河挖好了再来钓鱼。

　　吕本宇找来了恐龙玩具，说是恐龙雕像（图27红色圆圈标志区域）。

　　李浩轩突然想起了"动物园的大门"，于是，他找到附近的半圆形积木块，开始造门。

◆ 图27 ◆ 李浩轩找到半圆形积木块，开始造门。

◆ 图28 ◆ 这是幼儿最终呈现的"我们的动物园"全景图。

◆ 图29 ◆ 吕本宇介绍建构的东西。

◆ 图30 ◆ 翁晓晨介绍建构的东西。

　　幼儿开始介绍自己的作品。吕本宇指着图29红色圆圈区域说："这绿色的是草，磁铁是肉,还有鸡翅膀。"又指着图29蓝色圆圈区域说:"这是动物区域,我把它做成动物迷宫的样子。这里有好多小岔路口,可以通到别的动物那里……"

翁晓晨指着图30红色圆圈区域的小电扇说:"这是给吕本宇的恐龙化石解暑的,不然天气太热了,它们会燃烧掉。"又指着图30蓝色圆圈区域说:"这是一个商店,可以批发书的,批发一大箱回家看。也可以买了一个玩具之后,送一本书给他回家看。边上是我为吕本宇的动物种的一些菜,他们买来种子,种好了菜喂给动物吃。"

李浩轩说:"这像小山洞一样的东西是前往动物园的大门,车子要从这里开进来。我还和翁晓晨、吕本宇他们一起挖了一条河……"

◆ 图31 ◆ 对照幼儿建造的动物,我们又回看了设计图。

3. 完善我们的动物园。

听着幼儿的作品介绍,参与观察的老师发现:搭建好的场景与设计图有很大的出入。

于是,老师请幼儿将搭建好的场景图与设计图进行现场比对,并征询意见:"有两种修改的方法。第一种方法是根据设计图修改搭建好的场景。第二种方法是根据场景,修改设计图。"

◆ 图32 ◆ 翁晓晨提出想法：根据设计图修改场景。其他人都赞同。

◆ 图33 ◆ 吕本宇看设计图。

话音刚落，翁晓晨快速做出反应："还是修改场景吧，因为里面的东西太多了。而且，设计图上也没有小猫在钓鱼。还要把恐龙去掉，因为设计图上面也没有恐龙。"

吕本宇也要修改场景，他的理由是："设计图上没有河，而且我们搭的车子也要一个仓库。"李浩轩认为："设计图上有马路和房子，这里没有，要把它造出来。"

在各自表述意见后，大家达成共识，根据设计图修改场景。

吕本宇快速拿掉了设计图上没有的"恐龙化石"（图33红色圆圈标志处），李浩轩撤掉了"小河"区域。

翁晓晨搬来了一些积木，要干什么呢？原来，看着场景中到处停放的车子，他想造个车库。

"停车场在哪？图上面哪有停车场？"吕本宇观察着设计图突然发问。

翁晓晨也去看了设计图，随后说："大家都要开着车来动物园的，那这么多车子停在哪里？"

虽然吕本宇心里纠结着设计图上没有停车场这件事，但嘴里却一直在肯定："你这个停车场的想法不错。"

◆ 图34 ◆ 翁晓晨也去看了设计图。

◆ 图35 ◆ 建造有5层的停车场。

大家齐心协力，一个5层的停车场即将竣工，可是，幼儿还没有解决"设计图上没有停车场，这个停车场该怎么办"的问题。

在旁观察的老师说："设计图上好像没有哦。"

翁晓晨说："设计图上可以添吗？"

老师问："为什么要添？"

吕本宇说："设计图上没有想到要画，但动物园真的要有停车场的啊。"

翁晓晨说："大家的车到了动物园没地方停，会很乱，也很危险。设计的时候我们都没有想到要画。"

在得到老师肯定后，翁晓晨赶紧在设计图上增添。

◆ 图36 ◆ 李浩轩建造的马路。

◆ 图37 ◆ 李浩轩对照设计图后建造房子。

李浩轩专注地造着马路，老师问："第一次你有没有造这样的马路呀？"他回答："没有，现在我照着设计图做，就可以做得和心里想的一样。"造着造着，他发现设计图上有斑马线，随即又找来吸管完成了斑马线的建构。

李浩轩再一次对照了设计图，发现马路旁边还有一些房子，于是，邀请翁晓晨和他一起搭建了2栋楼，即设计时提及的1号楼和2号楼。

他又发现设计图上还有一个"⬅"，就用一块单元积木和一块小三角形积木拼出了指向动物园大门的箭头。

◆ 图38 ◆ 即将收尾，幼儿又来到设计图处进行最后一次比对。　　◆ 图39 ◆ "我们的动物园"正式竣工。

用了1小时15分，"我们的动物园"正式竣工。

幼儿看着搭建场景这样讲述："这是一条通往动物园的路，路旁边有1号楼和2号楼，路上还有斑马线，动物园门口的箭头是让我们从这边进去，这个高高的楼房是动物园的停车场，有车子上去的楼梯和下来的楼梯。我们的动物玩具商店没有改动，还是第一次搭的样子，里面一个个磁铁是免费赠送的漫画书。这边的动物迷宫也和第一次一样……"

二、教师教研

这个案例与前面一个案例发生在同一天。可以看出2个问题，第一，这3名幼儿与玩"大海世界"的3名幼儿一样，都忽略了沙盘区沙子的特性。第二，幼儿在玩的过程中忽略了计划。这次教研我们主要探讨第二个问题。

很多时候，我们做事都是先有设想，再实施，然后完善和修正。计划与实施，完善和修正，是一个螺旋式思考上升的过程，幼儿如果从小养成这种良好的思维品质，将在以后的人生中无数次运用，并终身受益。在"我们的动物园"案例中，老师看到了一个问题，这就是幼儿的实际搭建结果和设计图不一致。为什么会这样，又该怎样帮助幼儿改变这种状况呢？

1. 了解现状。

了解玩沙计划与实施情况的现状。

除了"我们的动物园"这个案例，我们又观察了两个小班、两个中班、两个大班的沙盘游戏。在游戏中，幼儿玩沙计划实施的现状，呈现以下几种情况。

第一种，有主题，无计划，想搭到哪就搭到哪。比如，幼儿想搭恐龙园，三五个人稍微商量一下，马上动手，搭到哪算哪。我们发现，没有计划的建构会随着现场和外界刺激而变化，也跟幼儿的状态、专注度、能力都有关系，建构活动随意性强。

第二种，有主题，有计划，但行动不一致，效果不一样。幼儿有计划意识，有时也参考计划，但在实施过程中，受诸多因素（比如材料、幼儿之间的交流等）影响，计划常常被弃之一边，计划发挥的作用不是太大。

第三种，有主题，有计划，大部分能按照计划去实施。幼儿能不断根据计划内容来完成自己的建构。在建构同时，有时还在完善计划。比如本案例中，在设计图上增添"停车场"就是完善计划。有时根据设计图修改实施细节，比如"发现设计图上有斑马线，随即找来吸管完成了斑马线的建构。"

2. 寻找原因。

（1）幼儿的心理发展特点。

幼儿的思维特点是直观感性的，他们有建构计划的愿望和行为，但常常以直观所见材料来定内容、定主题，比如一开始他们决定搭建"我们的动物园"，是因为沙盘区有好多动物。

幼儿易受已有经验的影响。幼儿虽然根据材料确定了主题，但并不是根据材料在设计，而是设计自己脑子里的动物园。比如联想到可以做商场，可以有1号楼、2号楼，有卖票处等。

幼儿的思维是发散性的。建构时，材料影响着搭建内容，所以往往设计一套，操作又是一套。因为看到了鱼，就有了小河；因为拿到了车子，就要运动物了。尽管做一做，还过去看一看计划，但只是看看还有什么要做。

（2）幼儿的个体差异。

在合作搭建动物园的过程中，幼儿之间的互动，相互的影响，甚至幼儿之间的差异性也会导致实际搭建偏离最初的计划，比如幼儿的经验、认知水平、思维能力、个性等不同，会导致搭建与最初的计划明显不同。

吕本宇对于动物园的经验也是最多的，他设计了卖票屋和一个一个动物区。实施计划时，按照我们成人的思维，或者先搭建卖票屋，或者先搭建动物区，但事实上，一开始，他就受材料影响，看到几节小车箱，邀请翁晓晨一起造一条路，说要搭建一个运动物的场景，而且一直到搭建结束，他始终没考虑到卖票屋的搭建。

翁晓晨按计划实施能力更强，他心中有计划，一开始就通过看设计图在沙盘里寻找搭建"动物玩具商场"的位置；看到羽毛球，就想到要做吕本宇设计的卖票屋；第4次看设计图后，他就完成了漫画商店和漫画书的建构；他还想到要搭动物吃东西的地方等。他不仅自己时时看图施工，还经常提醒吕本宇，比如提醒他不要建造设计图上没有的"运动物"场景，比如吕本宇挪动了羽毛球（卖票屋）位置后，翁晓晨把他拉到设计图处进行比对。

李浩轩有自己的想法，也会接纳别人意见，他提出搭动物园时，要有食物、大门、路和房子。他会对同伴的想法进行补充，而且很有合作精神，比如，在实施中，一开始，他没有去落实自己的计划，而是首先想帮翁晓晨搭一个卖动物玩具的地方，当吕本宇搭建动物家园时，李浩宇帮忙把动物运过去，还找了一个红色标记，说"这里放个标记，表明是骆驼区"；当翁晓晨决定建造小河时，他又热心帮忙。一直到临近结束，他才想起自己计划中的"大门"。

3. 体验感悟。

对于计划的认识，老师们的想法不完全一致；对于有无计划到底区别在哪，老师可能也没有真正思考过；对于引导幼儿进行计划并付诸实施的能力，老师的认识可能也不相同。所以我们采用在沙盘游戏现场教研的方式，帮助大家领会计划的意义和作用，帮助老师能清晰地了解到，当幼儿在实施中碰到问题后，教师可以用怎样的策略去引导、支持和帮助幼儿落实计划。

（1）大教研现场。

我们按年级分3组，每组一半老师参与，一半老师观察。四十分钟，老师们自己商讨，自己建构。

◆ 图40 ◆ 小班老师现场教研。

◆ 图41 ◆ "孙悟空打妖怪"主题。

小班年级组5个人参与现场搭建，6个人进行观察记录。沙盘游戏开始前，很快确定搭建主题"西游记"。因为点点班王文娟老师当下正和班级幼儿聊"孙悟空打妖怪"主题，她自然而然就成为本次沙盘游戏的主要策划者。

在大家的共同商讨下，确定搭建场景有地府、花果山、龙宫、天宫。有的老师完成"天宫"搭建，有的老师搭建"花果山"，有的老师搭建"地府"，还有的老师搭建

"龙宫"……在搭建过程中，大家多数时候朝着自己的搭建目标进行，对于材料的投入也是各取所需，所以，虽然每个人搭出来的东西都与主题契合，但是整个搭建缺乏整体沟通，以至于最后呈现的作品比较凌乱。

◆ 图42 ◆ 中班老师现场教研。

◆ 图43 ◆ "我们的幼儿园"主题。

中班年级组5个人参与搭建，6个人进行观察记录。游戏前，首先对材料进行了盘点与观察，而后确定主题"我们的幼儿园"，并尝试建造轮胎隧道、幼儿园的大花坛、迷宫等场景。

在搭建过程中，因为缺乏交流，缺乏对材料的把握，缺乏对空间的具体规划，搭到哪就是哪，导致沙盘最后成了堆砌想法的地方，呈现的作品布局不太合理，无法一目了然。

◆ 图44 ◆ 大班老师教研现场。

◆ 图45 ◆ "沙滩"主题。

大班年级组6个人参与搭建，6个人进行观察记录。游戏前，对沙盘原有形态进行观察，金瑛等老师还用手去摸了摸，推了推，对沙子进行最初的感受。随后，发现贝壳、螃蟹壳等材料比较多，于是确定主题"沙滩"。

游戏的主要策划者是金瑛，她首先将具体想法与组内所有参与者、观察者分享，并听取大家的建议。接着,依据经验梳理出需要搭建的东西,如度假酒店、沙滩、游乐场等。还进行了分工:有的老师搭建度假酒店,包括围栏等周围设施;有的老师搭建沙滩,包括遮阳伞、躺椅等;有的老师搭建游乐场。

因为游戏前进行了系统的规划与恰当的沟通,所以游戏过程中老师们的分工明确,合作到位,最后呈现的整个游戏场景相较于小班和中班要清晰、合理一些。

3个组,大家主题明确,有角色意识,建构能力也比较强,但是没在纸上做计划,只是口头商量。我们看到,3组老师口头商量计划的状态也是不一样的,口头商量清晰的,分工明确的,建构效果就比较好。这时,老师已经体会到计划的作用,以及计划对于建构活动的影响。

（2）小教研现场。

大教研后,老师已经非常清楚玩沙前可以先做计划,那有了纸上的计划图,实施过程又会怎样呢?我们又展开了小教研。

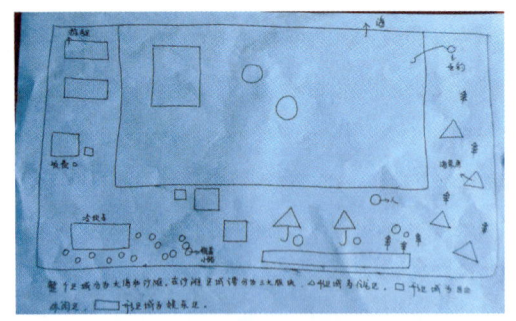 

◆ 图46 ◆ 小教研中"沙滩"主题的设计图。　　◆ 图47 ◆ 划分区域。

蒋琳燕、吴文萍、黄玉芬3位老师来到沙盘区,在蒋琳燕老师的倡议下,他们决定搭"沙滩",先商量了大致搭建内容,并确定整体布局:沙盘的上半部分作为海域,下半部分作为沙滩,再由蒋琳燕执笔画出了设计图。然后进行了分工和区域的划分:左边为海景房区,黄玉芬负责建造,占沙盘的1/5;中间为自由休闲区,蒋琳燕负责建造,占沙盘的1/2,右边为沙滩游乐场,吴文萍负责建造,占沙盘的1/5。

开始建构时,3个人迅速将沙往身边堆砌,露出蓝底,形成海洋画面。黄玉芬负责海景房区,具体建构房子和周围景物。蒋琳燕负责自由休闲区,具体建构人物和沙滩椅等配套设施。吴文萍负责沙滩游乐场,具体建构游乐设施,如快艇区域等。

最后呈现场景如下:海景房区呈现错落有致的房子与简单的绿化,和谐、舒适;形态各异的"沙滩椅"都统一设置在休闲区;游乐场区域有适合成人体验的快艇区,也有适合幼儿玩乐的游戏区。

◆ 图 48 ◆ 小教研中,"沙滩"场景完成。

作品完成后,3位老师谈了谈感受。

蒋琳燕:以前搭建,虽然有主题,但每个人都搭自己心中的主题。所以搭好后,里面的东西太多了,每一样东西只有把它表述出来才知道是什么。今天有了计划,我们搭建的作品就一目了然。

吴文萍:以前沙盘里东西太多、太乱,一点也不美观,搭的"沙滩"我们觉得嘈杂,都不想去玩。现在我们是按计划来搭,每个人都知道要做什么,不再搭到哪是哪,所以沙盘里的场景很美。

黄玉芬:我以前不知道蒋琳燕和吴文萍要搭什么,怎么搭,我就凭自己的想法搭,也不知道她们搭的跟我是不是一样的。现在有计划,分工也很清楚。我主要搭房子,吴文萍主要搭游乐场部分,蒋琳燕负责搭中间部分和把握全局。

(3)教师感悟。

计划的意义:两种教研,教师在亲身实践中感受到了计划的力量,虽然成人思维的缜密性、完整性都要比幼儿好得多,但不做计划的话,效果不一定好,所以有计划与没计划是不一样的。但幼儿被动按照老师要求做计划与幼儿自己主动做计划是不一样的。老师体会到了计划的重要,体会了依据计划进行搭建的价值,才会在保教过程中,有意识地去引导、促进、提升幼儿做计划及实施计划的能力。而当幼儿发现有了计划,可以玩得更好时,计划与实施也会越来越一致。

将计划付诸实施的策略:策略一,经验分享,计划更可行。在做计划前,带着幼儿讲一讲想做什么，为什么想做这个主题，这个主题又有什么东西。这样，幼儿对做的主题内容就有所了解，计划就有方向性和可行性，同时幼儿也会看看材料区有没有相应材料等。

策略二，说说画画，计划变显性。幼儿有了计划的意识，说说画画，将其落实到纸上。计划就看得见，实施时就有参考图，就能完善搭建的作品。

策略三，比对修正，计划能落实。引导幼儿按计划来搭建，用比对的方式是最好的。在案例中，老师发现幼儿的搭建与计划不一致后，就引导幼儿用比对的办法进行修正。通过比对，让幼儿不断完善自己的建构作品，让"我们的动物园"主题体现得更加明确，比如车子的改变，池塘的有无，羽毛球用法等。通过比对，让幼儿养成按计划建构、并在建构中再完善计划的习惯，这对幼儿一生的发展都有积极意义。

（4）实践验证。

教师教研后，我们积极尝试通过实践进行验证教研成果，一个阶段以后，幼儿体会到按计划玩沙盘游戏的魅力，他们觉得计划不但能让建构更有条理，而且作品可视性、直观性更好，于是他们孜孜不倦、乐此不疲地不断尝试"计划—建构—再计划—再建构"。

三、案例再呈现

1. 设计我们的幼儿园。

2017年6月22下午游戏时间，吕本宇（右）、翁晓晨（中）、李浩轩（左）来到沙盘区，一起商量搭建什么。

翁晓晨说："搭个幼儿园，因为等我们走的时候可以看一看幼儿园。"吕本宇说："好，就搭幼儿园。"

李浩轩说："幼儿园有校门。"吕本宇说："幼儿园有好几层楼的。"接着他又说："那我们来分工吧，我来画高楼，你们画幼儿园里面的东西。"

老师问："一张纸够不够？"

翁晓晨说："不够，因为我们幼儿园很大。"吕本宇说："我们先画了再说。"

于是，他们3个人先在一张纸上设计。

李浩轩说："我画大门。"吕本宇说："我画楼房。"翁晓晨说："那我就画里面的东西。"吕本宇说："翁晓晨，那你就画小朋友。"翁晓晨说："好，我画小朋友，等你们画好了我再画。"

◆ 图49 ◆ 3个人设计图纸，李浩轩画了半圆形大门。

◆ 图50 ◆ 重新设计长方形校门。

李浩轩画了一个半圆形的校门，翁晓晨说："幼儿园的门不是这样的，应该这样才对。"他边说边在纸上比画长方形，"因为我们幼儿园的门是大的呀。还有一个小房子，是保安的。"

他们重新拿了一张纸，李浩轩在纸的左边画了一个长方形的校门，在校门旁边画了一个小房子，说是保安爷爷住的。他还指着小房子旁边："这是刷卡的地方。"

翁晓晨笑着拿过李浩轩的笔，说："我来画刷卡机吧。"说完，他就在大门和小房子之间画了3个刷卡的机器。

吕本宇在纸的右边画了一个大楼，大楼旁边画了食堂，食堂看上去比大楼矮一点，跟我们幼儿园实际情况一致。

李浩轩说："我们忘了还有监控。"吕本宇说："对，监控。"吕本宇在大门处、大楼上和食堂边画了监控。李浩轩说："监控应该在校门里面呀，不然保安爷爷怎么能看到外面呢？"说着他在大门处画了一个朝着里面的监控。

◆ 图51 ◆ 李浩轩在大门和食堂中间画了路灯，在吕本宇设计的大楼里加了楼梯。

◆ 图52 ◆ 校门口有3个刷卡机。

现在,从设计图上可以清晰地看到校门口有3个刷卡机,大楼、食堂和校门内外都安装上了监控。

李浩轩还在大门和食堂中间画了路灯,在吕本宇设计的大楼里加了楼梯。翁晓晨在食堂添上了门。他们发现,幼儿园还有很多东西,这张纸上画不下了。于是,吕本宇又拿过了一张纸,画上树和滑滑梯,滑滑梯上有2个小朋友在玩。

翁晓晨大笔一挥,我们不知道他还要画什么,等他画完一看,原来是旗台,旗台上有旗杆和五星红旗,还有一个小朋友。他说,小朋友从滑滑梯滑下来,就可以看五星红旗。

◆ 图53 ◆ 幼儿继续设计。

◆ 图54 ◆ 设计图完成。

设计图完成了,设计图上黄色圆圈标志区域是滑滑梯,左边是一级一级上去的爬梯,右边是滑梯;蓝色圆圈标志区域是旗台;红色圆圈标志区域是翁晓晨帮食堂添画的门。

2. 第一次建造我们的幼儿园。

幼儿把设计图张贴在沙盘旁,准备边看设计图边施工。

3个人首先规划场地,左侧由吕本宇建造校门和刷卡机,中间由翁晓晨建造滑滑梯和旗台,右侧由李浩轩建造大楼和食堂。

◆ 图55 ◆ 规划场地,左侧为吕本宇。

◆ 图56 ◆ 翁晓晨找来3根短的吸管和一块长条KT板,准备搭建滑滑梯。他很仔细地把吸管插在沙里,说:"要插深一点,这样就会很牢固。"

◆ 图57 ◆ 插好后，他把KT板的一头轻轻搭靠在吸管上。

◆ 图58 ◆ 搭好后，他打量了一番，感觉这个滑滑梯太矮了，想要重建。老师问为什么，他说："跟设计图一点都不像，跟幼儿园的滑滑梯也不像。"

◆ 图59 ◆ 翁晓晨造滑滑梯。

◆ 图60 ◆ 滑滑梯的滑梯部分搭好了，其他部分怎么搭呢？翁晓晨走到设计图处，很认真地看着。

翁晓晨又找来一根塑料棒插在沙里，他用很多沙子将塑料棒尽量埋结实，然后将KT板一头放在塑料棒上，另一头也埋在沙里。老师不明白，请教翁晓晨，他说："KT板埋在沙里就不会塌下来，比较牢固，小朋友滑滑梯就不会摔跤了。"

◆ 图61 ◆ 吕本宇和李浩轩也过来看设计图。

◆ 图62 ◆ 看完设计图，3个人开始想办法搭滑滑梯的楼梯。

有图有真相：
一个幼儿园园长的微教研

◆ 图63 ◆ 吕本宇找来奶茶杯盖子："这个可以搭一级一级爬上去的楼梯。"

◆ 图64 ◆ 翁晓晨尝试搭楼梯。

◆ 图65 ◆ 李浩轩看了设计图，决定在沙盘左侧直接用沙建大楼。翁晓晨认为这个想法特别好，主动过来帮忙。

◆ 图66 ◆ 大楼怎么建呢？李浩轩用易拉罐拿来了水，说："倒了水，沙就可以捏成大楼。"

◆ 图67 ◆ 李浩轩和翁晓晨，一个慢慢倒水，一个把沙聚拢，揉捏。

◆ 图68 ◆ 2分钟，3分钟，一个继续加水，另一个继续揉捏，并开始塑形。

◆ 图69 ◆ 你一下，我一下，两个人配合默契。

◆ 图70 ◆ 他们很专注地笑着玩着，湿沙建构的大楼也慢慢成型。

◆ 图71 ◆ 李浩轩看到楼层是圆圆的，就用手把四周一点一点压一压，压出棱角，还将屋顶压平。

◆ 图72 ◆ 吕本宇正在按照设计图造校门和保安室。

　　我问："为什么上面要压得平平的？"他说："因为我们幼儿园的楼顶就是平平的。"

　　翁晓晨在楼房旁边用湿沙搭了个食堂，看得出来，食堂比大楼稍微矮一点，跟设计图的食堂相符。

　　另一边，吕本宇正按照计划在造校门和保安室，他先是选用了柱形塑料积木在图72的红色圆圈区域做校门柱子，这个区域正是设计图画好之后，3个人规划要建造校门和刷卡机的地方。

◆ 图73 ◆ 瓶盖做大楼和食堂的门。

◆ 图74 ◆ 幼儿比对设计图。

这时,翁晓晨和李浩轩还在建构大楼和食堂。

翁晓晨说食堂的门小,就用一个蓝色瓶盖在图73红色圆圈区域做了食堂的门。

李浩轩说,大楼的门大,就用四个瓶盖在图73蓝色圆圈区域做了大楼的门。

接着,李浩轩又用两个螺帽在图73黄色圆圈区域做了大楼的窗户。

突然,李浩轩说:"设计图上的食堂没有门,我要去添一下。"说完他拿了笔,快步走到设计图那里。翁晓晨一边说:"有门的,有门的",一边也快步走到设计图处,并用手指着图74红色圆圈区域说,"你看,这里有门的,我画了的。"

◆ 图75 ◆ 看完设计图,翁晓晨觉得大楼和食堂已经完成,就回过去继续搭建滑滑梯的楼梯,李浩轩主动帮忙。

◆ 图76 ◆ 他们把塑料盖子按楼梯形状往上垒高,顶上用塑料积木和木头积木做了一个平台。滑滑梯搭好了,他们找了一个人偶小朋友从楼梯爬上去,又从滑滑梯滑下来。

第五章 沙盘区

◆ 图 77 ◆ 翁晓晨还找到一个螺丝，他说这个可以当监控。

◆ 图 78 ◆ 幼儿园的大门。

吕本宇后来又改成用3块长方体积木在图78红色圆圈区域搭建了大门，用两块小正方体积木在图78绿色圆圈区域搭了保安的小房子，用KT板在图78黄色圆圈区域建了校门口家长进出的刷卡机，紫色圆圈区域还站着一个保安。大门搭好，吕本宇又去看设计图，说："还有树呢。"他就找来塑料树插在沙里，旁边还插了一些小草。吕本宇看着搭建的作品，若有所思："我们设计的时候没有画路哦。"然后，他还是用绿色瓶盖铺了一条从校门口一直走到幼儿园里面的路。

◆ 图 79 ◆ 李浩轩比对设计图后，完善场景。

◆ 图 80 ◆ 翁晓晨比对设计图后，再一次完善场景。

李浩轩再次看了设计图，大楼上有窗户，于是在图79红色圆圈区域用KT板添上了窗户；设计图上还有路灯，于是在图79紫色圆圈区域竖了个路灯。

翁晓晨用湿沙在图80蓝色圆圈区域又建了个旗台，并找了一支笔做旗杆，还画了一面五星红旗粘在旗杆上，旗台上用积木铺设了一条路，升旗的幼儿可以走上去。至此，"我们的幼儿园"全部建设完。回味案例"我们的幼儿园"，幼儿在施工现场，按照设计图，认认真真、执着地建造完了整个作品。

223

而我们从案例中清晰地感受到，幼儿意识到计划是有用的，意识到按计划实施的好处，所以计划意识和按设计图实施意识增强了。这个案例中，我们既看到了幼儿在沙盘区的建构能力，又很浓烈地感受到幼儿计划与实施同步进行的过程中的精彩。

3. 第二次建造我们的幼儿园。

快放学的时候，幼儿看着自己的作品，觉得意犹未尽，商量着要在外面的沙盘里再建造一次，老师说可以。幼儿又说，这个沙盘里的不想拆掉，要在另外的沙盘里再做一个，老师仍旧说可以。于是幼儿将设计图贴好，在另一个沙盘开始建造。

◆ 图81 ◆ 翁晓晨先规划场地，他在沙盘左边画了一条线，说这里是大门；在沙盘中间画了个圆，说这里是滑滑梯。

◆ 图82 ◆ 紧接着，翁晓晨画出了橙色圆圈区域的"旗台"。李浩轩比对设计图后，在红色圆圈区域画出了"树"的位置。吕本宇分割出了最右边绿色圈圈区域的"大楼和食堂"位置。

老师问："为什么要画线呢？"

翁晓晨说："因为不画线就不知道哪里是大门，哪里是旗台，哪里是滑滑梯……"李浩轩也发表了自己的看法："这样做才能分得清，才不会搭错地方。"

划分好区域，他们来到设计图前，根据设计时的情况和前期搭建经验，自然分工：翁晓晨负责搭大门，吕本宇搭滑滑梯，李浩轩搭楼房。

为什么会这样分工呢？

我问翁晓晨："为什么你做校门？"翁晓晨说："因为校门的样子是我想的，刷卡机是我画的，而且大门最难搭，我想挑战一下。"

李浩轩说："我做大楼和食堂。"我又问为什么，李浩轩说，"我刚才和翁晓晨做过一次了，而且楼房里的楼梯、窗花都是我设计的。"

吕本宇说："我做滑滑梯，因为是我设计的，我要用沙堆出滑滑梯，哈哈。"

翁晓晨："那我的刷卡机和大门也用沙来堆。"接着又说，"设计图上还有大树呢，大树要用树的模型来表示，也可以用瓶盖堆一个……"

随着分享内心真实的想法，他们的任务意识越来越强，这为后续的建构奠定了基础。

◆ 图83 ◆ 快速看完设计图，他们回到沙盘前，找到各自想要的位置，开始施工。

◆ 图84 ◆ 渐渐垒起来了，垒成了一个圆圆的面包形，他尝试着用手掌把下面的沙切掉。

◆ 图85 ◆ 房子上面的沙要怎么处理呢？他最先想到用手掌轻轻按压使其平整，但效果不佳。紧接着，他又从辅助材料里找来了一个单元积木，对房子四周和房顶再次做了处理，慢慢地，房子的外轮廓开始成型。

◆ 图86 ◆ 红色圆圈区域建的又是什么呢？原来是幼儿园大门口的刷卡机，与真实情景一样，不多不少，刚好3个。

刷卡机的位置正确与否呢？他特意跑到幼儿园门口观察了一下，随后，又将3个刷卡机的位置整体往左移了一下，留出了供教师的电动车进出的空间。

刷卡机到底能不能用呢？他找来一个玩具小娃娃试了又试，发现刷卡机的位置可能大了一点，他说："因为爸爸妈妈是跟在小朋友后面进门的，所以不要空这么大的位置。"然后，他又一次缩小了刷卡机之间的间距。

一旁的吕本宇正在尝试搭"滑滑梯"，他找来一个茶叶罐子，将罐子重重地朝着"滑滑梯"按了下去。为什么呢？他说："滑滑梯是长方形的，而这个一压就会出来一个长方形。"

◆ 图 87 ◆ 在滑滑梯的外形固定后，吕本宇又开始忙碌起来。"我现在做一个楼梯，然后小朋友可以上来。"刚开始的时候，他用沙子做楼梯，做着做着，始终看不出"阶梯"的感觉。在翁晓晨的建议下，他找来了大小不一的螺帽，试着造楼梯。他们想着：一进到幼儿园就能滑滑梯，而后再到旗台边"敬礼"！

◆ 图 88 ◆ 专注造楼的李浩轩又进行到哪一步了呢？他在用长方形的喜糖盒子将房顶压平，为什么要这么做呢？他说："压平之后好搭一些，也可以分清是几楼，我现在造的是一楼。"

◆ 图 89 ◆ 每一名幼儿都在为自己的计划忙碌着……瞧！翁晓晨拿来两根长的木块竖在两边当幼儿园大门的柱子，并用一个长条积木做了架空，完成了大门的建造。

◆ 图 90 ◆ 他在保安的门上用食指戳了一个洞，说这是保安的门。他又找来保安人偶放在门卫处，说这是保安爷爷在看门。

◆ 图 91 ◆ 接着，翁晓晨来到黑板前看设计图，用手指着监控说："大门口还有两个监控，一个朝里面，一个朝外面。"

◆ 图 92 ◆ 他又找来螺帽放在保安的房子上，说这是窗户。

◆ 图 93 ◆ 那怎么走到旗台上去呢？翁晓晨找来 3 个大小不一样的螺帽，从小到大（从右往左）依次往旗台上排，然后又找来一个小的螺帽叠放在第 3 个大的螺帽上，楼梯搭好了。

◆ 图 94 ◆ 翁晓晨看到吕本宇的滑滑梯还没搭好，就来帮忙。刚开始他拿茶叶盒的盖子做滑滑梯，觉得太大了，不能用。他又找来一块三角形的积木做滑滑梯，把积木的一面埋在沙里，滑滑梯的平面与积木的斜面连接起来，一看刚刚好。他还拿来一个螺帽在滑滑梯上试着滑一滑。

◆ 图 95 ◆ 他们用螺帽做滑滑梯的楼梯。滑滑梯搭好了，吕本宇用瓶盖铺路。

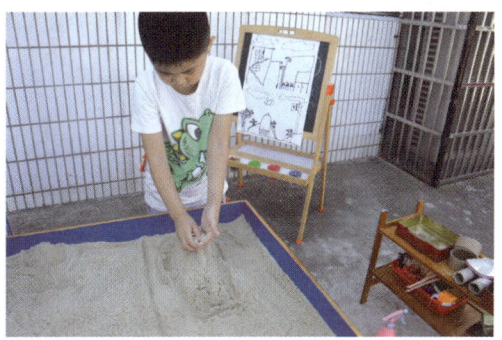

◆ 图 96 ◆ 李浩轩在搭建大楼和食堂，他先垒了一大一小两个沙堆。

◆ 图 97 ◆ 李浩轩和翁晓晨一起用 4 块长积木将沙堆围起来，李浩轩用手扶着积木，翁晓晨往里面填沙，填满后，用小的方块积木把上面压平，然后把围的长积木拿掉。吕本宇铺好路后，用小的方块积木把路平平好。

◆ 图 98 ◆ 李浩轩和翁晓晨把积木拿掉以后发现不像楼房，他们又开始调整，切掉三分之一的沙，然后把切掉的沙往上垒高。翁晓晨发现都用螺帽做门和窗户，分不清，他就找来瓶盖做门，蓝色瓶盖做食堂的门，绿色瓶盖做大楼的门。

◆ 图99 ◆ 翁晓晨说:"幼儿园的大门是很大很大的,应该用两个瓶盖。"听到提议的李浩轩二话不说当起了"搬运工",立刻又拿来了一个瓶盖。这时的大门又多了分"大气"。

◆ 图100 ◆ 李浩轩在调整大楼的窗户,把用螺帽做的窗户拿掉,改用KT板做窗户,并把窗户做在大楼的侧面。

◆ 图101 ◆ 李浩轩看了计划后,说还有3个人了。他们找来3个人偶,按照设计图上的位置摆放,一个在爬滑滑梯的楼梯,一个已经滑下来了,还有一个站在旗台上看红旗。

◆ 图102 ◆ 幼儿园终于搭建好了。这是幼儿园的大门,门口有3个刷卡机,保安爷爷在看门,大门口安装了两个监控。

第二次建造"我们的幼儿园",我们明显地感受到计划与实施在同步,玩沙与创造在并行。在教师及时的适宜性应答中,幼儿灵活地应用经验,自主地发展想法。

而从"我们的动物园"到两次建造"我们的幼儿园",我们更看到了孩子的自我成长。原来,教育真的是一种"成长",在持续的微教研中,我们引导着幼儿从原有的知识经验中"生长"出新的知识经验;教育真的不是简单的"告诉",在适宜的微教研中,我们引导着孩子在交流与合作中思考,在探索和反思中重构经验。

后 记

2017，我的幸福之旅。

天时、地利、人和，这是怎样的机缘巧合，才促成了这本书的诞生啊！

我清楚地记得，2017年5月4日，我应邀到江苏省连云港市连云区做专业讲座。我的亦师亦友——连云港市教育局教研室王春华老师坐在下面听，她听得很投入，激发了我动情地讲。讲着讲着，我发现王春华老师走出了会场，是我讲得不好，还是……我有些忐忑。没想到讲座一结束，王春华老师马上走过来说："蒋园长，我发现了，你是有宝藏的。我有一个大胆的想法，能否把你讲的这些案例，做一个系统梳理和提升，然后出一本书，书名或许可以叫《有图有真相的微教研》。我刚才出去打了几个重要的电话，就是想帮你落实这件事。"

当时的我，喉咙干干的、眼眶湿湿的、心脏砰砰地跳。我从没有想过，这些普通的案例可以出书，但是我被王春华老师有这样的教育敏感性、有这样的情谊和这样的行动速度而撼动了。随后的日子里，王春华老师就开始了无私的、专业的帮助工作：从出版的选题申报、整本书的章节安排、内容的把关提升、照片的标准要求乃至写作的节奏把握，她都一一陪伴，而我从此也就开始了幸福之旅。我不知该怎样才能表达我的感激，王春华老师对教育的热爱、对课程游戏化的价值判断、无私的助人精神、超强的专业能力、暖暖的指导策略，都影响着我，鞭策着我，激励着我，我将终身铭记并感谢！

写这本书的过程我是愉快的。因为都是真实的案例，而这些案例都触动着我的内心，所以我是在高度亢奋的状态下，在文字自然流淌中，把亲历的事情梳理出来，从始至终没有一点累的感觉，只有满心的欢喜和激动。写这本书的过程我是感动的。因为遇到了一些特别的人、特别的事，天宁区教育文体局陶建平副局长，他用最大的正能量相信我们、鼓励我们，一次次的建议，一回回的指导，历历在目；天宁区教师发展中心的胡敏主任常常与我们一起观察，一起剖析，特别是悉心指导微教研跟进的策略；常州市教科院的庄春梅老师对我的写作既有高屋建瓴的专业引领，更有细致入微的指点；郑陆镇、天宁区、武进区、常州市姊妹园的园长们、老师们，鼓励我，支持我，更是给了我们课程游戏化的诸多启发；还有很多朋友，他们信任我，支持我……这些，都增强了我撰写这本书的信心。写这本书的过程是幸福的。我发现了儿童的力量，感受着老师们的成长，并不断更新自我的儿童观、教育观和课程观。

书稿即将诞生，我的心中除了欢喜感动，更多的还有感谢。感谢江苏省课程游戏化项目，感谢江苏省课程游戏化领衔人团队，有了这些推手，我们才真正静下心来观察儿童，才尝试进行分层教研、问题教研和更深入地学习《3-6岁儿童学习与发展指南》，才关注教研"留白"，探索课程的园本化。

感谢我的导师王海英教授。她的一次次讲座，她的浸润式培训，她指导我们阅读《甘蔗有多高》等书籍，都指引着我们课程游戏化实践向着正确方向前行。更要感谢王海英教授为本书作序。

感谢常州市教育局给予我们幼儿园许多发展的机会，感谢武进区教育局、天宁区教育局为我们搭建的平台。感谢丁伟明局长和杭永宝局长的关心，感谢常仁飞副局长的激励、戚宝华处长和吴琴芳处长的指导、任洁局长的支持……所有这些，给予我们深入研究与实践的自信与勇气，让东青幼儿园朝着未来的、可持续的发展格局和教育品质而努力。

感谢南京师范大学出版社，感谢幼教分社万斌总编辑和彭艳梅老师的支持与帮助！

还有好多人给予我们帮助，在此一并表示感谢，谢谢大家的厚爱！

东青幼儿园的全体成员，对学前教育的挚爱与实践，成就了这本书稿。而我努力与大家一起，并做详尽的记录，期望与大家分享。但我知道，由于水平有限，书稿中一定还有不尽如人意之处，真诚期待您提出宝贵意见和建议。

蒋惠娟

2017年8月1日